STREET SMART GUIDE

to the BACH CHORALES

Peter Lawrence Alexander
Author, *Professional Orchestration*™.

ALEXANDER PUBLISHING
Training That Gets Results

Alexander Publishing
a division of Alexander University, Inc.
P.O. Box 1720, Petersburg, VA, 23805
www.alexanderpublishing.com

Paperback edition published 2009
ISBN: 978–0–939067–92–3

Printed in the United States of America

Interior design by Caroline J. Alexander
Cover design by Caroline J. Alexander

Alexander, Peter L, (Peter Lawrence), 1950–

CONTENTS

STREET SMART GUIDE to the BACH CHORALES

STREET SMART GUIDE to the BACH CHORALES

INTRODUCTION

A Street Smart™ View of the Bach Chorales

When I was in music school as a jazz major, I bought a copy of the Bach chorales. The copy I bought lacked lyrics. So to me it always had a sterile sense about it. Then one day in my travels I discovered the 1898 Breitkopf and Härtel Edition with 389 chorales, all with lyrics.

That's when the Bach Chorales took on new meaning to me. People had actually sung them! They had come out at night in the heat of the summer or the cold of the winter to gather by candlelight to sing hymns to God that would be performed on Sunday. Suddenly, they were no longer sterile things. They became living pieces of music that people had gathered to sing and to be listened to.

This was not the sense of the Bach chorales that I had in music school. This was Bach! The rules of music came from here! But looking at the hymn book, I realized that these were choral arrangements of popular hymn melodies written or compiled by Martin Luther, some of which people had been singing for several hundred years, which Bach had reharmonized and arranged for his contemporary time.

That took the mystique out of the Bach chorales for several reasons.

First, Bach was working with real melodies, not academic examples. So these are not theoretical approaches. The Bach chorales are choral arrangements Bach was paid to write. Second, these were arrangements sung largely by amateurs, not professional singers. And this adds yet another practical dimension to going through them, because the Bach chorales now become a handy guide as to how far you can push the amateur choir, even when teaching them by rote, as you have to do with most choirs.

So as you go through them, think about four amateur singers. Catherine is the soprano. Bertha is the alto. Thomas is the tenor and Frederick is the bass.

The message to writers here is simple. Don't write down to the choir's level. Write good music, even challenging music, and bring the choir up to a higher level.

In going through the chorales, they can be played by strings or woodwinds. In many cases they can be played by a pianist, with the understanding that they weren't written for a pianist. They were written for people to sing. There are colors in the music you'll only hear when sung by people. For example, in #15, *Allein zu dir, Herr Jesu Christ*, you'll find some rather adventuresome writing between the Basses and the Sopranos, then the Basses and the Altos, later between the Basses and the Tenors, then finally between the Basses and the Altos.

Just flipping through the pages, you'll find that Bach pushes his Basses pretty hard. On paper, there are some pretty amazing leaps! But when you sing them, though challenging, the lines are written in such a way that with a little effort, the amateur can easily learn them.

That's the mark of professional writing.

One thing I observed in studying the Bach Chorales is that after going through a few of them, you begin to see that they're not just choral arrangements, but like a well written song in verse chorus, they're little compositional gems. Take the time to look and you'll see all kinds of compositional goodies Bach applied.

Because of Bach's involvement with Pietism, there's a lot of math in the Bach chorales, but you don't need to go there unless you want to pursue that line of study. You also don't need to be an expert in Roman numeral analysis with figured bass to learn, either.

As a *Street Smart Guide*™, your primary focus, whether you're a jazzer, composer, rocker, or country song writer, is to sing these melodies and learn how Bach harmonized them. As you do this, you'll discover that your harmonic vocabulary will build to give you greater expression in your own music.

If you just get that far, *that* is enough.

May the Lord bless you this day and be with you as you pursue your studies.

Peter Lawrence Alexander
October 2008
Petersburg, Virginia

1
Analyzing the Reharmonization of a Bach Chorale

I want to restate that a Bach chorale is a vocal arrangement that can be analyzed two different ways. One analysis method is to look at the four voices as a vertical stack working out both the chord progression and which tones are in the bass. This can be done with standard pop harmony (guitar) chord symbols. This is a great approach for both guitarists and jazz musicians.

The second method, looked at in the next section, is to examine the chorale stylistically as a work of four-part counterpoint, and through this approach, see how the inner lines were created.

For completeness, all three methods are the best approach if you want to learn the most. But for now, we'll start with a chord symbol analysis.

THE SECRET OF DOING CHORD PROGRESSION ANALYSIS

In Bach #1 on the next page, you see points of pause at the fermatas (bird's eye). Like a standard lead sheet, write the chord symbol above the melody. At each fermata, work backwards to better understand Bach's harmonization up to that point. Each fermata "group" is a phrase.

THE OVERALL CHORD PROGRESSION

With Bach #1, look at the first chord then every chord under a fermata to give you the overall chord progression for the whole work. The progression is A MAJ, D MAJ, E MAJ, A MAJ. If you understand how to use Roman numerals in chord analysis, that's I, IV, V, I.

HOW TO LEARN FROM A BACH CHORALE

- First, write the chord symbols above each pitch of the melody.

- Think of the fermatas (bird's eyes) as "hit" points. To really understand what Bach did, study the chord progression "backwards" from each hit point.

- Carefully examine how Bach moved from one tonal center to another.

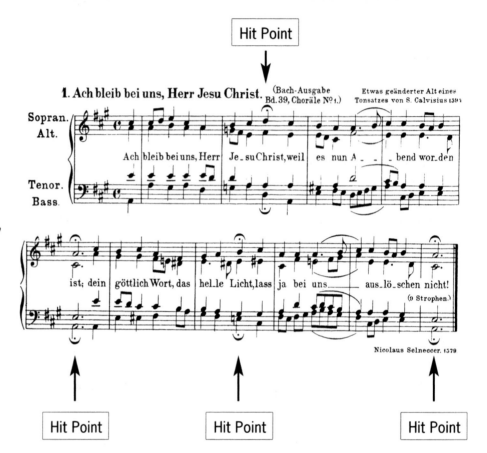

BASIC GUIDELINES FOR CHORD SYMBOLS

Follow these guidelines for effective chord symbol usage:

Major = MAJ (do not use a triangle to designate a major chord)
Minor = MIN (do not use a - to designate a minor chord)
Dominant = DOM
Diminished = MINb5 (if the chord is spelled BDFA, write it as a BMIN7b5)

When a tone other than the root of the chord is in the bass, write it like this:

C/E, C/G

If it's a seventh chord write:

CMAJ7/E (when the third is in the bass)

CMAJ7/G (when the fifth is in the bass)
CMAJ7/B (when the seventh is in the bass)

ROMAN NUMERALS

You can learn even more by understanding how to apply Roman numeral analysis where every chord in the key is given a number. What you learn from this is root motion.

There are two approaches. One approach labels every chord in the key with a capital Roman numeral. The second approach, which I use, is to label major chords with a capital and minor chords with lower case. Here it is for the C Major Scale with all triads:

CHORD	ROMAN NUMERAL	CHORD FAMILY
C MAJ	I	Tonic
D MIN	ii	Subdominant
E MIN	iii	Tonic
F MAJ	IV	Subdominant
G MAJ	V	Dominant
A MIN	vi	Tonic
B MINb5	vii	Dominant
Bb MAJ	bVII	Subdominant

CHORD SUBSTITUTION

As long as it's musically effective (a judgment issue) any tonic chord can substitute for any tonic chord, any subdominant can substitute with another subdominant, and any dominant can substitute for another dominant.

With Roman numeral analysis, you'll find (using the key of C as an example):

I IV V I
C, F, G C

You can then have:
I ii V I
CMAJ DMIN GDOM CMAJ

You can then have:
I ii vii I
CMAJ DMIN BMINb5 CMAJ

You can then have:

I IV vii iii
CMAJ FMAJ BMINb5 EMIN

You'll see these and other relationships within the Chorales.

2
A Four-Part Counterpoint Analysis of the Bach Chorales

A Bach chorale is created with four-part counterpoint. Strict counterpoint is a term meaning that the piece is written in line with a specific set of rules. When you're studying a Bach chorale, the objective is to see how Bach applied these principles with a real tune known by most.

On page xiii of this book is a sheet music template with 10 staves per page. Make as many copies as you need.

Similar to how you record a Bach chorale you're going to write each part on its own stave. You can label them SATB (Soprano, Alto, Tenor, Bass).

Write down the Soprano (melody) followed by the Bass. Between the bass and the melody, write the interval underneath the Soprano. This is a very important tool for songwriters because it helps you find the right pitch for the bass.

The big question is always, what pitch do you put in the bass? Once your melody is written and you have your chords picked out, write down your melody like this with the chords over it, then work out what pitch you want in the bass. Most of the time for pop music, you'll either have a chord with the root in the bass, or with the third in the bass. Next often is the fifth in the bass.

STREET SMART GUIDE™ to the BACH CHORALES

You also have a second option with this technique. Let's say you're not really sure what chords you want for your song. Work out the Bass line first, then figure out what chords you picked.

Now add in the Alto line and work out the intervals between the Bass and the Alto and then the Alto and the Soprano. What you're about to observe is that with counterpoint, every line is in vertical and linear relationship to the other lines.

I've now worked out the intervals between the Bass and the Alto. The next step is to work out the interval between the Alto and the Soprano.

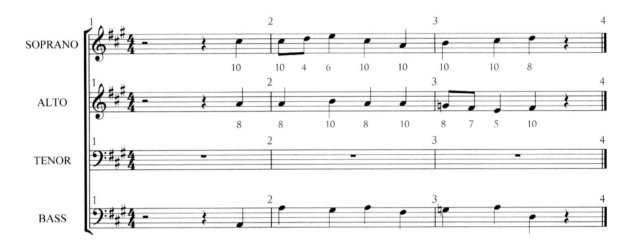

Here's the next step which is working out the interval between the Bass and the Tenor. This approach shows you how a dissonance on the beat is handled, how suspensions are set up, and where and how passing tones are used in choral arrangements sung by amateurs.

There are two other possibilities for looking at these lines. Check the intervals between the Alto and Tenor, and then the Tenor to the Soprano.

The thing about the "rules" of music and the Bach chorales is that these hymn tunes didn't follow traditional academic rules. So, as with any other music professional, Bach worked with what he had. As such, you must look at Bach's style in the context of how he worked with very simple tunes that people had been singing for generations. We call this applied skill.

APPROACHING VERTICAL HARMONY

In jazz arranging, you take a melody and voice it down. You may use four way close, drop, 2, drop 2 and 4 or drop 3. You might even use clusters.

Some write jazz vocal arrangements in a similar manner.

Others keep to very simple vocal arrangements using octaves, sixths, and thirds in octaves.

But Bach goes beyond that. This is very sophisticated four-part writing that goes way beyond vertical voicings. The idea is to take these concepts, apply them to your own songs, and see what you come up with for both inventive, but effective harmonies, and possible choral arrangements.

3
Recording a Bach Chorale

Don't make the mistake of studying the Bach chorales as an academic exercise that you only do on paper.

If you have a computer[1] with electronic scoring and recording resources, the first thing to do is to key in the Bach chorales using a choir sound. If you don't have a choir sound, use a string program.

Before you begin, using one of the many translation gadgets available from the Internet, translate the title of the chorale. Reason: to see if Bach reharmonized the hymn tune to support the title and lyrics and if he did, what compositional devices did he use to bring out the inner meaning of the title.

Set up your software program so that there are tracks for the soprano, alto, tenor and bass parts.

First, key in the melody, then sing it during playback. As you listen to the melody, what kind of harmonization do you hear in your mind?

Second, key in the bass part. This is very instructive because Bach wrote some "wild" bass parts. With the soprano part muted, sing the bass part a few times.

When that's done, play back both the soprano and bass lines. As you listen, compare the implied harmony of these two parts to what you imagined when you heard the hymn tune for the first time. How did Bach hear it different from you?

Third, add in the alto part. Again, mute the other tracks and sing it. Then sing it with the soprano. Then mute the soprano and sing it with the bass. Now, just listen to it.

Fourth, repeat the above steps by adding in the tenor part.

As you listen to the completed chorale, does the arrangement:

1. reflect how you might have arranged it for choir? If not how is it different?
2. reflect or illuminate the hymn title? Any element of the lyric?

....

[1] Every Mac comes with GarageBand built in. Within GarageBand are both an electronic choir and string sounds. Don't just analyze. Use the technology to record your work.

These are important questions in your practical analysis because this is how writers approach the craft of harmonizing and arranging a song.

Finally, record the song and save it as an MP3 to listen to later on your cell phone or MP3 player. The more you listen the better it is for you.

FOR THE MORE AMBITIOUS

Save your bucks and invite over four singers to record some of the Bach chorales using either *Ah* or *Oh* for the lyric. I've seen more than one student "recording session" paid for in pizza. If you're really flush with money, go the distance - Philly Cheese Steak Sandwiches. For health considerations, serve with chilled water.

Make as many copies as you need of the 10-stave music sheet on the opposite page for your studies.

THE
BACH CHORALES

3. Ach Gott und Herr (B. A. 39, № 3)

As hymnodus sacer, Leipzig 1625

Ach Gott und Herr, wie gross und schwer sind mein' be-gang-ne

Sün-den! Da ist Niemand, der hel-fen kann, in die-ser Welt zu fin-den. (6 Str.)

Martin Rutilius 1604

4. Ach Gott und Herr (Cantate № 48. Ich elender Mensch. B. A. 10. S. 288)

As hymnodus sacer, Leipzig 1625

Soll's ja so sein, dass Straf' und Pein auf Sünden fol-gen müs-sen: so

Cont.

fahr hier fort und schone dort, und lass mich hier wohl bü-ssen!

6 Str. (4. Strophe des Liedes: Ach Gott und Herr)

M. Rutilius 1604

5. Ach Gott, vom Himmel sieh' darein
(Cant. 153. Schau, lieber Gott, wie meine Feind' B. A. 32, 43)

Erfurter Enchiridion 1524

Schau', lieber Gott, wie mei-ne Feind', da-mit ich stets muss käm-pfen,
so li-stig und so mächtig seind, dass sie mich leichtlich däm-pfen!

Herr, wo mich dei _ ne Gnad' nicht hält, so kann der Teu _ fel,

Fleisch und Welt mich leicht in Un _ glück stür _ _ _ zen.

(10 Str.)

Dav. Denicke 1661.

6. Ach Gott, vom Himmel sieh' darein.

(Cant. 77. Du sollst Gott, deinen Herren, lieben. B. A. 18, 254.)

Erfurter Enchiridion 1524.

*)Du stellst, mein Je_su, sel_ber dich zum Vor_bild wah_rer Lie

be: gieb mir auch Gnad' und Kraft, dass ich Gott und den

Näch_sten lie _ be; dass ich bei Al _ lem, wo ich kann,

stets lieb' und hel_fe je_der_mann nach dei_nem Wort und Wei_se.

*) In der B. A. fehlt diesem Choral der Text. Die obige Strophe ist der Bach'schen Originalpartitur von Zelter aus einem unbekannten Liede untergelegt worden.

11. Ach wie flüchtig, ach wie nichtig. (Cant. 26. Ach wie flüchtig. B. A. 5 I. 216.)

Michael Frarck 1652.

1 Ach wie flüchtig, ach wie nichtig ist der Men _ schen Le _ ben!
13. Ach wie flüchtig, ach wie nichtig sind der Men _ schen Sa _ chen!

Cont.

Wie ein Ne _ bel bald ent _ ste _ het, und auch wie _ der
Al _ les, Al _ les, was wir se _ hen, das muss fal _ len

bald ver _ ge _ het, so ist un _ ser Le _ ben se _ het.
und ver _ ge _ hen; wer Gott fürcht't, wird e _ wig ste _ hen.

13 Str. (In der B. A. nur die 13. Str.)

Mich. Franck 1652.

12. Allein Gott in der Höh' sei Ehr'. (B. A. 39. № 8.)

Valentin Schumannsches G. B. 1539 (1526).

Al _ lein Gott in der Höh' sei Ehr' und Dank für sei _ ne Gna _ de,
da _ rum, dass nun und nimmermehr uns rüh _ ren kann kein Scha _ de!

Ein Wohl _ ge _ fall'n Gott an uns hat, nun ist gross Fried ohn'

Un - ter - lass, all' Fehd' hat nun ein En - - de.　(4. Str.)

Nic. Decius 1526.

13. Allein Gott in der Höh' sei Ehr'.
(Cant. 104. Du Hirte Israel, höre. B. A. 23, 116.)

Nic. Decius 1526.
Val. Schumannsches G.B. 1539.

Der Herr ist mein ge - treu - er Hirt, dem ich mich ganz ver - trau - e;
Zur Weid' er mich, sein Schäflein, führt, auf schö - ner, grü - ner Au - - e;

zum fri - schen Was - ser leit't er mich, mein' Seel' zu la - ben

Taille

kräf - tig - lich durch's sel' - ge Wort der Gna - den.　(3 Str.)

Cornelius Becker 1602.

In der Ausgabe der
Choräle vom J. 1785
steht der Schluss un-
ter No 125 so:

14. Allein Gott in der Höh' sei Ehr'.

(Cant. 112. Der Herr ist mein getreuer Hirt. B. A. 24, 48.)

Nic. Decius 1526.
Val. Schumannsches G. B. 1539.

Hörner.

Ob.

1. Der Herr ist mein ge_treu_er Hirt, hält mich in sei_ner Gü___te,
da_rinn mir gar nichts mangeln wird, ir_gend an ei_nem Gu___te
5. Gu_tes und die Barm_her_zig_keit fol_gen mir nach im Le___ben,
und ich werd' blei_ben al_le_zeit im Haus des Her_ren e___ben:

Er wei_det mich ohn' Un_ter_lass, da_rauf wächst das wohl_
auf Erd' in christ_li_cher Ge_mein', und nach dem Tod da

schme_ckend Gras sei_nes heil_sa_men Wor___tes.
werd' ich sein bei Chri_sto, mei_nem Her___ren.

5 Str. (In der B. A. nur die 5. Str.)

Wolfgang Musculus? 1531 u. 1533.

15. Allein zu dir, Herr Jesu Christ. (B. A. 39, № 9.)

Val. Babst. G. B. 1545.

Al—lein zu dir, Herr Je———su Christ, mein
Ich weiss, dass du mein Trö———ster bist, kein

Hoff—nung steht auf Er——————————den.
Trost mag mir sonst wer——————————den.

Von An—be—ginn ist Nichts er—kor'n, auf Er—den ist kein Mensch ge—

bor'n, der mir aus Nö—then hel—fen kann; ich ruf'

dich an, zu dem ich mein—————Ver—trau—en han.

(4 Str.)

Joh. Schneesing 1542.

16. Allein zu dir, Herr Jesu Christ.

(Cant. 33. Allein zu dir, Herr Jesu Christ. B. A. 7, 114.)

Val. Babst. G. B. 1545.

Cont.

Ehr' sei Gott in dem höch _ sten Thron, dem Va _ ter al _ _
und Je _ sum Christ, sein'm lieb _ sten Sohn, der uns all _ zeit_

_ _ _ ler Gü _ te,
be _ hü _ _ te, und Gott, dem hei _ li _ gen Gei _ ste, der

uns sein' Hülf' all _ zeit lei _ ste, da _ mit wir ihm ge _ fäl _ lig sein, hier

in die _ ser Zeit und fol _ gends zu der E _ _ wig _ keit.

4 Str. (Str. 4 des Liedes: Allein zu dir H. J. Ch.)

Joh. Schneesing 1542.

17. Alle Menschen müssen sterben. (B. A. 39, № 10.)

Joh. Hintze 1678.

Al _ le Menschen müs _ sen sterben, al _ les Fleisch ver _ geht wie Heu,
was da le _ bet muss ver _ der _ ben, soll es an _ ders wer _ den neu.

Die_ser Leib der muss ver_we_sen, wenn er e_wig soll ge_ne_sen

der so gro_ssen Herr_lich_keit, die den From_men ist be _ reit'.

(7 Str.)

Johann Georg Albinus 1652
(Joh. Rosenmüller?)

18. Alle Menschen müssen sterben.

(Cant. 162 Ach, ich sehe, jetzt da ich zur Hochzeit gehe. B. A. 33, 46.)

Der Mel. „Jesu, der du meine Seele" nachgebildet.
(Umbildung von Bach?)

Ach, ich ha _ be schon er _ bli_cket al_le die _ se Herr_lich_keit!
Jetzund werd ich schön ge _ schmücket mit dem wei_ssen Himmelskleid;

mit der güld_nen Eh _ ren_kro _ ne steh ich da vor Got_tes Thro_ne,

schau_e sol _ che Freu_de an, die kein En _ de neh _ men kann.

7 Str. (Str. 7 des Liedes: Alle Menschen müssen sterben.)

Johann Georg Albinus 1652.
(Joh. Rosenmüller?)

19. Alles ist an Gottes Segen. (B. A. 39. No 11.)

Nach J.B. Königs Choralb. 1738, umgebildet.

Alles ist an Gottes Segen und an seiner Gnad' ge_le_gen
ü_ber al_les Geld und Gut. Wer auf Gott sein' Hoff_nung setzet,
der be_hält ganz un_ver_le_tzet ei_nen frei_en Hel_den_muth.
(6 Str.)

1876.

20. Als der gütige Gott. (B. A. 39. No 12.)

Mich. Weisse 1531.   Joh. Crüger 1640.

1. Als der gü_ti_ge Gott, voll_en_den wollt' sein Werk, sand er sein' En_gel
2. in die Stadt Na_za_reth, da er ein Jung_frau hatt', die Ma_ri_a ge_

schnell, des Na_me Ga_bri_el, in's ga_li_lä_isch Land,
nannt, Jo_seph nie hatt' er_kannt, dem sie ver_trau_et war.
(12 Str.) In der B. A. nur die 1. Str.

M. Weisse 1531.

21. Als Jesus Christus in der Nacht. (B. A. 39. No 13.)

Joh. Crüger 1649.

1. Als Je_sus Christus in der Nacht, da_rin er ward ver_ra_then, auf
2. Da nahm er in die Hand das Brod, und brach's mit sei_nen Fin_gern, sah
3. Nehmt hin und esst, das ist mein Leib, der für euch wird ge_ge_ben, und

un_ser Heil war ganz be_dacht, das_selb' uns zu er_stat_ten.
auf gen Him_mel, dank_te Gott, und sprach zu sei_nen Jün_gern:
den_ket, dass ich eu_er bleib' im Tod und auch im Le_ben.

(9 Str.) In der B. A. nur die 1.Str.

Joh. Heermann 1636.

22. Als vierzig Tag' nach Ostern war'n. (B.A. 39. No 14.)
(Erschienen ist der herrlich' Tag.)

Nic. Herman. 1560
(sehr umgebildet.)

Als vierzig Tag' nach O_ _ _ _stern war'n und Chri_stus wollt' gen

Him_mel fahr'n, b'schied er sein' Jün_ger auf ein Berg, auf ein Berg, voll_

en_det da sein Amt und Werk. Hal_le_lu_ja!

(14 Str.)

Nic. Herman. 1560.

23. An Wasserflüssen Babylon. (B.A.39. No 15.)

Wolfg. Dachstein. 1525.

Ein Lämmlein geht und trägt die Schuld der Welt und ih _ rer Kin _ der;
es geht und bü _ sset in Ge _ duld die Sün _ den al _ ler Sün _ der.

An Was _ ser _ flüs _ sen Ba _ by _ lon, da sa _ ssen wir mit Schmer _ zen,
als wir ge _ dach _ ten an Zi _ on, da wein _ ten wir von Her _ zen.

Es geht da _ hin, wird matt und krank, er _ giebt sich auf die Wür _ ge _ bank, ver _

Wir hin _ gen auf mit schwerem Muth die Har _ fen und die Or _ geln gut an

zeiht sich al _ ler Freu _ den, es nim _ met an Schmach, Hohn und Spott, Angst,

ih _ re Bäum' der Wei _ den, die drin _ nen sind in ih _ rem Land; da

Wun _ den, Striemen, Kreuz und Tod, und spricht: Ich will ___ gern lei _ _ den.
(10 Str.) P. Gerhardt 1653.

mussten wir viel Schmach und Schand' täg _ lich von ih _ _ nen lei _ _ den.
(5 Str.) Wolfg. Dachstein 1525.

ih _ nen lei _ _ _ den.

24. Auf, auf, mein Herz, und du mein ganzer Sinn.
(B. A. 39. № 16.)

Stenger 1663.
(J. Stadens Melodey) umgebildet.
Erfurter G. B. 1663.

Auf, auf, mein Herz, und du, mein gan_zer

Sinn, wirf Al_les das, was Welt ist, von dir hin; im

Fall du willst, was gött_lich ist, er_lan_gen, so

lass den Leib, in dem du bist ge_fan_gen.
(12 Str.)

Martin Opitz. 1624.

25. Auf meinen lieben Gott. (Cant.188. Ich habe meine Zuversicht. B.A.37, 212.)

J. H. Schein 1627

Siegmund Weingärtner. 1609.

26. Auf meinen lieben Gott. (Cant.89. Was soll ich aus dir machen, Ephraim? B.A.20 I,194.)

J. H. Schein 1627.

al _ le Welt her _ kä _ _ me, mein Angst sie nicht weg _ neh _ _ me.
mit ich ü _ ber _ win _ _ de Tod, Teu _ fel, Höll' und Sün _ de.

11 Str.(In der B.A.nur die 7. Str.)

Johann Heermann. 1630.

27. Auf meinen lieben Gott. (Cant. 136, *Erforsche mich Gott.* B. A. 28, 164.)

J. H. Schein 1627.

Violine I.

Dein Blut, der ed _ le Saft, hat sol _ che Stärk' und Kraft, dass

Cont.

auch ein Tröpflein klei _ _ ne die gan _ ze Welt kann rei _ _ ne, ja,

gar aus Teu_fels Ra _ _ chen frei, los und le _ dig ma _ _ chen.

11 Str. (Str.9 d.Liedes: Wo soll ich fliehen hin.)

Johann Heermann. 1630.

ich an dei_nem Lei _ be ein Glied_mass e _ wig blei _ be.

11 Str. (Str. 11 des Liedes: Wo soll ich fliehen hin.)

Joh. Heermann 1630.

30. Aus meines Herzens Grunde. (B. A. 39, № 17.)

Dav. Wolder 1598.

Aus mei _ nes Her_zens Grun _ de sag' ich dir Lob und Dank,
in die _ ser Mor_gen_stun _ de, dar_zu mein Le _ be_ lang,

o Gott in dei _ nem Thron, dir zu Lob, Preis und Eh _ ren, durch

Chri _ stum, un _ sern Her _ ren, dein' ein _ ge_bor _ nen Sohn.
(7 Str.)

Zuerst 1592.

31. Aus tiefer Noth schrei ich zu dir. (Cant. 38, Aus tiefer Noth schrei ich zu dir. B.A.7,300.)

Martin Luther 1524.

1. Aus tie _ fer Noth schrei ich zu dir, Herr Gott er _ höhr' mein Ru _ fen!
Dein gnä_dig Ohr'n neig' her zu mir und mei_ner Bitt sie öff _ ne.
5. Ob bei uns ist der Sün_den viel, bei Gott ist viel mehr Gna_de,
sein' Hand zu hel _ fen hat kein Ziel, wie gross auch sei der Scha _ de.

Cont.

Denn so du willst das se _ hen an, was Sünd und Un _ recht
Er ist al _ lein der gu _ te Hirt, der Is _ ra _ el er _

ist ge _ than, wer kann Herr vor dir blei _ _ _ ben.
lö _ sen wird aus sei _ nen Sün_den al _ _ _ len.

5 Str. (In der B. A. nur die 5.Str)

Martin Luther 1524.

32. Befiehl du deine Wege. (B.A. 39, № 20.)

Barth. Gesius 1603.

Be _ fiehl du dei _ ne We _ ge, und was dein Her _ ze kränkt,
der al _ ler _ treu _ sten Pfle _ ge des, der den Him _ mel lenkt.

Der Wol_ken, Luft und Win_den gibt We_ge, Lauf und Bahn, der

wird auch We_ge fin_den, die dein Fuss ge_hen kann. (12 Str.)

P. Gerhardt 1656.

33. Christ, der du bist der helle Tag. (B. A. 39, N° 21.)   G. B. der Böhm. Brüder 1566.
Christe, qui lux es et dies.

Christ, der du bist der hel_le Tag, vor dir die Nacht nicht

blei_ben mag; du leuch_test uns vom Va_ter her und

bist des Lich_tes Pre_di_ger, und bist des Lich_tes Pre_di_ger.
(7 Str.)

Erasmus Alberus 1556

34. Christe, der du bist Tag und Licht. (B. A. 39, Nº 22.)

Jos. Klug G. B. 1535.

1. Chri - ste, der du bist Tag und Licht, vor
2. Wir bit - ten dein' gött - li - che Kraft, be -

dir ist, Herr, ver - bor - gen nichts; du
hüt' uns, Herr, in die - ser Nacht; be -

vä - ter - li - ches Lich - tes Glanz, lehr'
wahr uns, Herr, vor al - lem Leid, Gott

uns den Weg der Wahr - heit ganz.
Va - ter der Barm - her - zig - keit.

7 Str. (In der B. A. nur die 1. Str.)

Wolfg. Meuslin 1526.

35. Christe, du Beistand deiner Kreuzgemeinde.
(B. A. 39, No 23.)

Matthäus Apelles von Löwenstern 1644.

Chri - ste, du Bei - stand dei - ner Kreuz - ge - mei -

ne, ei - le, mit Hülf' und Ret - tung uns er - schei - ne; steu -

re den Fein - den: ih - re Blut - ge - tich - te ma -

che zu nich - te, ma - che zu nich - te. (4 Str.)

M. A. von Löwenstern 1644.

36. **Christ ist erstanden.** (B. A. 39, № 24.)

Jos. Klug G. B. 1535.

Christ ist er _ stan _ den von der Mar _ ter al _ le: des soll'n wir al _ le froh sein; Chri _ stus will un _ ser Trost sein. Ky _ ri _ e _ _ leis.

Wär' er nicht er _ stan _ den, so wär' die Welt ver _ gan _ gen: seit dass er nun er _ stan _ den ist, so lo _ ben wir den Her _ ren Christ, ben wir den

Schon um 1200 bekannt.

37. Christ ist erstanden. (Cant. 66, Erfreut euch, ihr Herzen.
    B. A. 16, 214.)

3ter Satz.

Jos. Klugsches G. B. 1535.

Um 1200 bekannt

38. Christ lag in Todesbanden. (B. A. 39, № 25.)

Joh. Walter G. B. 1524.

Christ lag in To_des_ban_____den für un_ser Sünd' ge_ge____ben,
der ist wie_der er_stan____den und hat uns bracht das Le_ben.

Dess wir sol_len fröh_lich sein, Gott lo_ben und ihm dank_bar sein,und

sin_gen Hal_le_lu____ja, Hal_le_lu____ja!

(7 Str.)

M. Luther 1524.

39. Christ lag in Todesbanden. (B. A. 39, № 26.)

Joh. Walter G. B. 1524.

Christ lag in To_des_ban_den für un_ser Sünd' ge_ge____ben,
der ist wie_der er_stan_den und hat uns bracht das Le___ben.

und ihm dank_bar

Dess wir sol_len fröh_lich sein, Gott lo_ben und ihm dank____bar sein, und

40. Christ lag in Todesbanden.
(Cant. 158. Der Friede sei mit dir. B. A. 32, 154.)

Joh. Walter 1524.

NB. Die obere Lesart nach der Ausgabe von 1786, die untere nach der B. A. Cant. 158.

M. Luther 1524.

41. Christ lag in Todesbanden.

43. Christ, unser Herr, zum Jordan kam. (B. A. 39, № 27.)   Joh. Walter G. B. 1524.

44. Christ, unser Herr, zum Jordan kam.

(Cant. 7. Christ, unser Herr, zum Jordan kam. B. A. 1, 210.)

Joh. Walter G. B. 1524

Das Aug' al_lein das Was_ser sieht, wie Menschen Wasser gie_ssen:
der Glaub im Geist die Kraft ver steht des Blu_tes Je_su Chri_sti;

und ist vor ihm ein' ro_the Flut von Christi Blut ge_fär_bet, die al_len Schaden

heilet gut, von A_dam her ge_er_bet, auch von uns selbst be_gan_gen.

7 Str. (Str. 7 des Liedes: Christ unser Herr, zum Jordan kam.)

M. Luther 1541.

45. Christ, unser Herr, zum Jordan kam.

(Cant. 176. Es ist ein trotzig und verzagt Ding. B. A. 35, 198.)

Joh. Walter G. B. 1524.

1. Was al_le Weisheit in der Welt bei uns hier kaum kann
8. Auf dass wir al_so all_zu gleich zur Him_mels_pfor_te

lal_len, das lässt Gott aus dem Himmels_zelt in al_le Welt er
drin_gen und der_mal_einst in dei_nem Reich ohn' al_les En_de

schal _ len: dass   er   al _ lei _ ne   Kö _ nig sei, hoch   ü _ ber al _ le
sin _ gen: dass   du   al _ lei _ ne   Kö _ nig seist, hoch   ü _ ber al _ le

Göt _ _ _ ter, gross, mäch _ tig, freund _ lich, fromm und treu, der
Göt _ _ _ ter, Gott Va _ ter, Sohn und heil' _ ger Geist, der

From _ men Schutz und   Ret _ _ ter, ein   We _ sen, drei Per _ so _ _ nen.
From _ men Schutz und   Ret _ _ ter, ein   We _ sen, drei Per _ so _ _ nen.

8 Str. (In der B. A. nur die 8 Str.)

Paul Gerhardt 1656

46. Christus, der ist mein Leben (B. A. 39, N⁰ 28)

Melchior Vulpius 1809

Chri _ stus, der ist mein   Le _ ben und   Ster _ ben mein Ge _

winn, dem   thu' ich mich er _ ge _ ben, mit Freud' fahr' ich da _ hin.

(8 Str.)

Melchior Vulpius G. B. 1809

47. Christus, der ist mein Leben (B. A. 39, N° 29)

Melch. Vulpius 1609

Chri-stus, der ist mein Le_ben,   Ster_   Ster-   Ster.

_ _ _ben ist mein Ge-winn; dem thu' ich   Ster _ _

mich er-ge_ _ben, mit Freud' fahr' ich da_hin.   (8 Str.)

Melch. Vulpius G. B. 1609

48. Christus, der uns selig macht (B. A. 39, N° 30.)

Mich. Weisse 1531

Chri_stus, der uns   se_lig macht, kein Bös's hat be_gan-gen,

der ward für uns   in der Nacht   als ein Dieb ge_fan-gen,

ge_führt vor gott _ lo _ se Leut' und fälsch_lich ver _ kla _ _ get, ver_lacht,

ver_höhnt, und ver _ speit, wie denn die Schrift sa _ _ get.

(8 Str.)

Mich. Weisse 1531

49. Christus, der uns selig macht (Joh. Passion. B. A. 12, I. 43.)

Mich. Weisse 1531

Christus, der uns se _ lig macht, kein Bös's hat be _ gan_gen, der ward für uns

in der Nacht als ein Dieb ge _ fan_gen, ge_führt vor gott _ lo _ se Leut', und fälslich ver_

kla _ get, ver_lacht, ver_höhnt und verspeit, wie denn die Schrift sa _ _ get.

(8 Str.)

Ob.

sa _ get.

sa _ get.

Mich. Weisse 1531

50. Christus, der uns selig macht (Joh. Passion. B. A. 12 I, 121)

Mich. Weisse 1531

O hilf, Chri_ste, Got_tes Sohn, durch dein bittres Lei_den, dass wir, dir stets

un_terthan, all' Un_tugend mei_den, deinen Tod und sein' Ursach' fruchtbarlich be_

schen_ken.

den_ken, dafür, wie_wohl arm und schwach, dir Dank_opfer schen ken.

8 Str. (Str. 8 des Liedes Christus, der uns selig macht.)

schen_ken.

Mich. Weisse 1531

51. Christus ist erstanden, hat überwunden (B. A. 39, N? 31)

Mich. Weisse 1531

Chri_stus ist er_stan_den, hat ü_ber_wun_

den, Gnad' ist nun vor_han_den, Wahr_heit wird fun_den.

Da rum, lie ben Leu te, freut euch heu te, lo bet
eu ren Her ren, Je sum, den Kö nig der Eh ren.
(13 Str.)

Mich. Weisse 1531.

52. Da der Herr Christ zu Tische sass. (B. A. 39, № 32.)

Görlitz G. B. 1611.

Da der Herr Christ zu Tische sass, zu letzt das O ster lämmlein ass, und
zu letzt das Oster
wollt' von hin nen schei den, sein'n Jüngern er treu lich be fahl, dass
man all zeit ver künd'gen soll sein'n Tod und bit ter Lei den.
(29 Str.)

Nic. Herman 1559.

53. Danket dem Herren, denn er ist sehr freundlich.
(B. A. 39. No 33.)

Tenormelodie eines
Senfl'schen Tonsatzes 1534.

Dan _ ket dem Her _ ren, denn er ist sehr freund _ lich, und

sei _ ne Güt' und Wahr _ heit blei _ bet e _ wig _ lich.

6 Str.

Joh. Horn 1544.

54. Dank sei Gott in der Höhe. (B. A. 39. No 34.)

Barth. Gesius 1605.

Dank sei Gott in der Hö _ he in die _ ser Mor _ gen _ stund',
durch den ich auf _ er _ ste _ he vom Schlaf frisch und ge _ sund.

Mich hat _ te zwar ge _ bun _ den mit Fin _ ster _ niss die Nacht, ich

hab' sie ü _ ber _ wun _ den mit Gott, der mich be _ wacht.

7 Str.

Joh. Mühlmann 1618.

55. Das alte Jahr vergangen ist. (B. A. 39. № 35.)

Joh. Steurlein 1588.

Das al _ te Jahr ver _ gan _ gen ist, wir dan _ ken dir, Herr

Je _ su Christ, dass du uns in so gro _ sser G'fahr be _

hü _ tet hast lang' Zeit und Jahr; dass du uns in so

gro _ sser G'fahr be _ hü _ tet hast lang' Zeit und Jahr.

6 Str.

Joh. Steurlein? 1588

56. Das alte Jahr vergangen ist. (B. A. 39. № 36.)

Joh. Steurlein 1588.

Das al – te Jahr ver – gan – gen ist, wir dan – ken dir, Herr

Je – su Christ, dass du uns in so gro – sser G'fahr be – hü – tet hast lang'

Zeit und Jahr, dass du uns in so gro – sser G'fahr be – hü – tet hast lang' Zeit und Jahr.

6 Str.

Joh. Steurlein? 1588.

57. Das neugeborne Kindelein. (Cant. 122. Das neugeborne Kindelein. B. A. 26. 40.)

Melch. Vulpius 1609.

1. Das neu – ge – bor – ne Kin – de – lein, das herz – ge – lieb – te Je – su – lein,
4. Es bringt das rech – te Ju – bel – jahr, was trau – ern wir denn im – mer – dar?

Cont.

bringt a – ber – mal ein neu – es Jahr der aus – er – wähl – ten Chri – stenschaar.
Frisch auf! itzt ist es Singens – zeit, das Je – su – lein wend't al – les Leid.

4 Str. (In der B. A. nur die 4. Str.)

Cyriacus Schneegass 1597.

58. Das walt' Gott Vater und Gott Sohn. (B. A. 39. № 37.)

60. Den Vater dort oben. (B. A. 39. № 39.)

Mich. Weisse. 1531.

Den Va _ ter dort o _ ben wol _ len wir nun lo _ _ ben,

der uns als ein mil _ der Gott gnä _ dig _ lich ge _ spei _ set hat,

und Chri _ stum sei _ nen Sohn, durch wel _ chen der

Se _ gen kommt vom al _ ler _ höch _ sten Thron.

5 Str.

Mich. Weisse. 1531.

61. Der du bist drei in Einigkeit. (B. A. 39. № 40.)

J. Herm. Schein. 1627.

Der du bist drei in Ei _ nigkeit, ein wah _ rer Gott von E _ wigkeit; die

Sonn' mit dem Tag von uns weicht, lass uns leuch _ ten dein gött _ lich Licht.

3 Str.

M. Luther 1543.

62. Der Tag, der ist so freudenreich. (B. A. 39. № 41.)

J. Klug G. B. 1535.

Der Tag, der ist so freuden _ reich al _ ler Cre _ a _ tu _ re,
denn Got _ tes Sohn vom Himmel _ reich ü _ ber die Na _ tu _ re

von ei _ ner Jung _ frau ist ge _ bor'n, Ma _ ri _ a du bist aus _ er _ kor'n,

dass du Mut _ ter wä _ rest. Was ge _ schah so wun _ der _ lich?

Got _ tes Sohn vom Him _ mel _ reich der _ ist Mensch ge _ bo _ ren.

4 Str (Deutsche Bearbeitung des alten
Weihnachtsliedes: Dies est laetitiae.)

63. Des heil'gen Geistes reiche Gnad'. (B. A. 39. № 42.)

J. Herm. Schein 1627.

1. Des heil'gen Gei___stes rei___che Gnad' die Her_zen der A_po_stel hat er_füllt mit sei___ner Gü___tig_keit, ge_schenkt der Spra___chen Un_ter_scheid.

6 Str. (Bearbeitung des Hymnus: Spiritus sancti gratia.)

64. Die Nacht ist kommen. (B. A. 39. № 42.)

G. B. der Böhm. Brüder 1566.
J. H. Schein 1627.

Die Nacht ist kom_men, drin wir ru_hen sol_len; Gott

walt zu From — men nach sein'm Wohlge - fal - len, dass wir uns le -

gen, in sein'm G'leit und Se - gen sein'n Will'n zu pfle - gen.

5 Str.

Peter Herbert 1566.

65. Die Sonn' hat sich mit ihrem Glanz. (B. A. 39. № 44.)

Franz. Psalmen Genf 1542.

Die Sonn' hat sich mit ih - rem Glanz ge - wen — det und,

was sie soll, auf die - sen Tag voll - en — det; die dunkle Nacht dringt

al - lent - hal - ben zu, bringt Menschen, Vieh und al - le Welt zur Ruh'.

7 Str.

Josua Stegmann 1630

66. Dies sind die heil'gen zehn Gebot'. (B. A. 39. № 45.)

Erfurt 1524.

Dies sind die heil' gen zehn Ge _ bot', die uns gab un _ ser

Her _ re Gott durch Mo _ se, sei _ nen Die _ ner treu, hoch

auf dem Berg Si _ na _ i. Ky _ rie e _ leis'.

12 Str.

M. Luther 1524.

67. Dir, dir, Jehova, will ich singen. (B. A. 39. № 46.)

Joh. S. Bach 1725.

Dir, dir, Je _ ho _ va, will ich sin _ gen, denn wo ist
Dir will ich mei _ ne Lie _ der brin _ gen, ach, gib mir

doch ein sol _ cher Gott wie du? dass ich es thu' im Na _
dei _ nes Gei _ stes Kraft dar _ zu,

men Je-su Christ, so wie es dir durch ihn ge-fäl-lig ist.

8 Str.

Barth. Crasselius 1697

68. Du Friedefürst, Herr Jesu Christ.
(Cant. 67. Halt im Gedächtniss Jesum Christ. B. A. 16. 246.)

Barth. Gesius 1601.

Du Frie-de-fürst, Herr Je-su Christ, wahr'r Mensch und wah-rer Gott,
ein star-ker Noth-hel-fer du bist im Le-ben und im Tod:

Cont.

drum wir al-lein im Namen dein zu deinem Va-ter schrei-en.

7 Str.

Jacob Ebert 1601.

69. Du Friedefürst, Herr Jesu Christ.
(Cant. 116. Du Friedefürst. B. A. 24. 158.)

Barth. Gesius 1601.

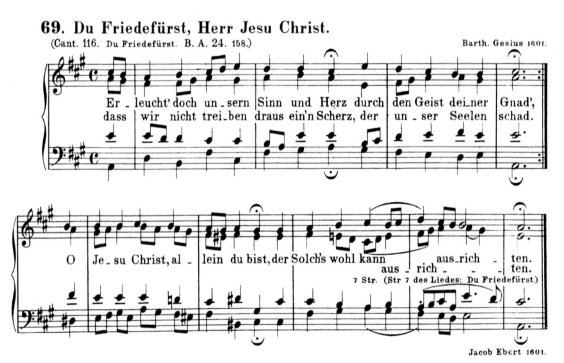

Er-leucht' doch un-sern Sinn und Herz durch den Geist dei-ner Gnad',
dass wir nicht trei-ben draus ein'n Scherz, der un-ser Seelen schad.

O Je-su Christ, al-lein du bist, der Solch's wohl kann aus-rich-ten.
aus-rich-ten.

7 Str. (Str 7 des Liedes: Du Friedefürst.)

Jacob Ebert 1601.

70. Du grosser Schmerzensmann. (B. A. 39. No 47.)

M. Janus 1663.

1. Du grosser Schmerzensmann, vom Vater so geschlagen, Herr Jesu, dir sei Dank für alle deine Plagen: für deine Seelenangst, für deine Band' und Noth, für deine Geisselung, für deinen bittern Tod.

7 Str.

Adam Thebesius † 1652.

71. Du, o schönes Weltgebäude. (B. A. 39. No 48.)

Johann Crüger 1649.

Du, o schönes Weltgebäude, magst gefallen wem du willst,
deine scheinbarliche Freude ist mit lauter Angst umhüllt.

De_nen, die den Him_mel has_ _ sen, will ich ih _ re Welt_lust

las_ _sen; mich verlangt nach dir al _ lein, al_ler_schönster Je _ su mein.

8 Str.

Johann Franck 1649.

72. Du, o schönes Weltgebäude.

(Cant 56. Ich will den Kreuzstab gerne tragen. B. A. 12 II, 104.)

Joh. Crüger 1649.

Komm, o Tod,du Schla_fes Bru_der, komm und füh_re mich nur fort;
lö _ se meines Schiffleins Ru_der, brin_ge mich an si_chern Port.

Cont.

es mag, wer da will, dich scheu_ _ en,
du kannst mich viel_mehr er_ _freu_ _ en;

denn durch dich komm' ich hin_ein zu dem schön_sten Je _ su_lein.

8 Str. (Str. 6 des Liedes: Du, o schönes Weltgebäude.)

Joh. Franck 1649.

73. Durch Adams Fall ist ganz verderbt.

Cant. 18, Gleich wie der Regen und Schnee. (B. A. 2, 252.)   Jos. Klug. G. B. 1535.

Lazarus Spengler. 1524.

74. Ein' feste Burg ist unser Gott. (B. A. 39, № 49.)

Jos. Klug. G. B. 1535.

Der alt' bö_se Feind, mit Ernst er's jetzt meint,gross Macht und viel List sein

grau_sam' Rüstzeug ist, auf Erd'n ist nicht sein's Glei _ _ _chen. (4 Str.)

Martin Luther. 1529.

75. Ein' feste Burg ist unser Gott. (B.A.39 Nº 50.)

Jos. Klug. G.B. 1535.

Ein' fe _ ste Burg ist un _ ser Gott, ein' gu _ te Wehr und Waf _ fen.
Er hilft uns frei aus al _ ler Noth, die uns jetzt hat be _ trof _ fen.

Der alt'___ bö _ se Feind, mit Ernst er's jetzt meint,gross Macht und viel

List sein grau_sam' Rüst_zeug ist, auf Erd'n ist nicht sein's Glei _ chen. (4 Str.)

Martin Luther. 1529.

76. Ein' feste Burg ist unser Gott. (Cant. 80, Ein' feste Burg ist unser Gott. B A 18, 378.)

Jos. Klug. G. B. 1535.

Das Wort sie sol_len las_sen stahn und kein'n Dank da _ zu ha _ ben.
Er ist bei uns wohl auf dem Plan mit sei _ nem Geist und Ga _ ben.

Neh _ men sie uns den Leib, Gut, Ehr', Kind und Weib, lass fah _ ren d

hin, sie ha _ ben's kein'n Ge_winn; das Reich muss uns doch blei _ ben.

4 Str. (Str. 4 des Liedes: Ein feste Burg.)

Martin Luther. 1529.

77. Eins ist noth, ach Herr, dies Eine. (B. A. 39 № 51.)

Joach. Neander. 1680. (1679.)
Freylingshausens G. B. 1704.

Eins ist noth, ach Herr, dies Ei _ ne leh _ re mich er _ ken _ nen doch:

al_les An_dre, wie's auch scheine, ist ja nur ein schwe_res Joch,

da _ run_ter das Her_ze sich na_get und pla_get, und

den_noch kein wah_res Ver _ gnü_gen er_ja_get; er ..

lang ich dies Ei _ ne, das Al _ les er_setzt, so

so werd ich   mit Ei_nem   in Al_lem er_ _ götzt.
werd ich mit   Ei_nem   (10 Str.)

so   werd ich mit

Joh. Heinr. Schröder. 1697

78. Erbarm' dich mein, o Herre Gott. (B. A. 39 № 52.)

Joh. Walter. G. B. 1524.

Er-barm' dich mein, o Her-re Gott, nach dei-ner gross'n Barmher-zig-keit,
wasch' ab, mach' rein mein' Mis-se-that, ich kenn' mein' Sünd' und ist mir leid.

Al-lein ich dir ge-sün-digt hab, das ist wi-der mich

ste-tig-lich; das Bös' vor dir nicht mag be-stahn, du

bleibst ge-recht, ob man ur-thei-le dich. (5 Str.)

Erhart Hegenwalt. 1524.

79. Erhalt' uns, Herr, bei deinem Wort.

(Cant 6, **Bleib bei uns, denn es will Abend werden.** B. A. 1, 176.)

Jos. Klug. G. B. 1535.

1. Er-halt' uns, Herr, bei deinem Wort und steure dei-ner Feinde Mord, die
2. Be-weis' dein Macht, Herr Je-su Christ, der du Herr al-ler Her-ren bist: be-

Je _ sum Christum, dei _ nen Sohn, wol _ len stür _ zen von sei _ nem Thron.
schirm' dein' ar _ me Chri _ sten _ heit, dass sie dich lob' in E _ wig _ keit.

3 Str. (In der B. A. nur die 2. Str.)

Martin Luther. 1541.

80. Ermuntre dich, mein schwacher Geist.

(Weihnachts-Oratorium: B. A. 5 II, 59.)

Joh. Schop. 1641.

1. Er _ mun _ tre dich mein schwacher Geist, und tra _ ge gross' Ver _ lan _ gen,
ein klei _ nes Kind, das Va _ ter heisst, mit Freu _ den zu em _ pfan _ gen:
9. Brich an, o schö _ nes Mor _ genlicht, und lass den Himmel ta _ gen!
Du Hir _ ten _ volk, er _ schrecke nicht, weil dir die En _ gel sa _ gen:

Cont.

Dies ist die Nacht, da _ rin es kam, und menschlich We _ sen an sich nahm, da _
dass die _ ses schwache Knä _ be _ lein soll un _ ser Trost und Freu _ de sein, da _

durch die Welt mit Treu _ en als sei _ ne Braut zu frei _ en.
zu den Sa _ tan zwin _ gen und letzt _ lich Frie _ den brin _ gen.

9 Str. (In der B. A. nur die 9. Str.)

Ob.

Joh. Rist. 1641.

81. Ermuntre dich, mein schwacher Geist.

(Cant. 43, Gott fähret auf mit Jauchzen. B.A.10,126.)

Joh. Schop. 1641.

1. Du Le-bens-fürst, Herr Je - su Christ, der du bist auf _ ge-nom _ men
gen Himmel, da dein Va - ter ist und die Ge-mein' der From-men:
13. Zieh' uns dir nach, so lau-fen wir, gib uns des Glau_bens Flü _ gel;
hilf, dass wir flie _ hen weit von hier auf I _ sra _ e _ lis Hü _ gel!

wie soll ich dei - nen gro _ ssen Sieg, den du durch ei _ _ nen schwe_ren
Mein Gott, wann fahr' ich doch da _ hin, wo ich ohn' En _ de fröh _ lich

Krieg er _ wor _ ben hast, recht prei-sen, und dir g'nug Ehr' er _ wei _ sen?
bin? wann werd' ich vor dir ste_hen, dein An _ ge _ sicht zu se _ hen?

(14 Str.)

Joh. Rist. 1641.

82. Ermuntre dich, mein schwacher Geist.

(Cant. 11, Lobet Gott in seinen Reichen. B.A.2, 32.)

Joh. Schop. 1641.

Nun lie _ get al _ _ les un _ ter dir, dich selbst nur
Die En _ gel müs _ sen für und für dir auf _ zu-

Cont.

aus-ge __ nom __ men;
aus __ ge __ nom __ men;   Die Fürsten stehn auch auf der Bahn,
war __ ten, kom __ men.

und sind dir wil __ lig un __ ter __ than; Luft, Was-ser,

Feu'r und Er __ den muss dir zu Dien __ ste wer __ den.

·11 Str. (Str. 1 des Liedes: Du Lebensfürst, Herr J. Chr.)

Joh. Rist. 1641.

83. Erschienen ist der herrlich' Tag.

(Cant. 67; Halt im Gedächtniss Jesum Christ. B.A.16, 233.)

Nic. Herman. 1560.

Er_schie_nen ist der herrlich Tag, dran sich Niemand g'nug freu_en mag: Christ,

un-ser Herr, heut tri_umphirt, all' sein' Feind er ge_fan_gen führt. Al_le_lu_ja!

(11 Str.)

Nic. Herman. 1560

84. Erschienen ist der herrlich' Tag.

(Cant. 145. So du mit deinem Munde. B. A. 30, 122.)

Nic. Herman 1560.

Drum wir auch bil _ lig fröh _ lich sein, singen das Hal _ _ le _

lu _ ja fein, und lo _ ben dich, Herr Je _ su Christ; zu

Trost du uns er _ stan _ den bist. Hal _ le _ lu _ _ ja!

14 Str. (Str. 14 des Liedes: Erschienen ist der herrlich' Tag.)

Nic. Herman 1560.

85. Erstanden ist der heilig' Christ. (B. A. 39. № 53.)

Triller 1555.

Er _ stan _ den ist der heil' _ ge Christ, al _ le _ lu _

ja, al _ le _ lu _ ja! Der al _ ler Welt ein

Tröster ist, al-le-lu-ja, al-le-lu-ja!

(Bearbeitung des Hymnus: Surrexit Christus hodie.)

86. Es ist das Heil uns kommen her.

(Cant. 86. Wahrlich, ich sage euch. B. A. 20 I, 134.)

Wittenberg 1524.

1. Es ist das Heil uns kom-men her von Gnad' und lau-ter
die Werk',die hel-fen nim-mer-mehr, sie mö-gen nicht be-
11. Die Hoffnung wart't der rech-ten Zeit, was Got-tes Wort zu-
wenn das ge-sche-hen soll zur Freud',setzt Gott kein'g'wis-se

Gü-----te,
hü-----ten.
sa-----get;
Ta-----ge.

Der Glaub' sieht Je-sum Chri-stum an, der
Er weiss wohl, wenn's am be-sten ist, und

hat g'nug für uns all' ge-than, er ist der Mitt-ler wor-den.
braucht an uns kein' ar-ge List, des soll'n wir ihm ver-trau-en.

14 Str. (In der B. A. nur die 11 Str.)

Paul Speratus 1523.

lau _ ter Nein, so   lass doch dir nicht   grau _ _ en.

14 Str. (Str. 12 des Liedes: Es ist das Heil.)

Paul Speratus 1523.

89. Es ist das Heil uns kommen her.

(Trauungschoral. B. A. 13 I, 148.)

Wittenberg 1524.

Hörner.

Sei Lob und Ehr' dem höchsten Gut, dem Va _ ter al _ ler Gü _ te,
dem Gott, der al _ le Wun _ der thut, dem Gott, der mein Ge _ mü _ the

Cont.

mit   sei _ nem rei _ chen   Trost er _ füllt, dem   Gott, der al _ len.

Jam _ mer stillt: gebt   un _ serm Gott die   Eh _ _ _ re!

(9 Str.)

Joh. Jac. Schütz 1673.

90. Es ist das Heil uns kommen her.
(Cant. 117. Sei Lob und Ehr'dem höchsten Gut. B.A. 24. 172.)   Wittenberg 1524.

4. Ich rief dem Herrn in mei-ner Noth: Ach Gott, vernimm' mein Schrei — en!
Da halt mein Hel-fer mir vom Tod und liess mir Trost ge — dei — hen.
9. So kom-met vor sein An-ge-sicht mit jauchzen-vol-lem Sprin — gen;
be-zah-let die ge-lob-te Pflicht, und lasst uns fröh-lich sin — gen:

Drum dank', ach Gott, drum dank' ich dir; ach dan-ket, dan-ket
Gott hat es Al-les wohl be-dacht und Al-les, Al-les

Gott mit mir! Gebt un-serm Gott die Eh — re!
wohl ge-macht! Gebt un-serm Gott die Eh — re!

9 Str. (Str. 4 u. 9 des Liedes: Sei Lob und Ehr'dem höchsten Gut.)

Joh. Jac. Schütz 1673.

91. Es ist genug; so nimm, Herr, meinen Geist.
(Cant. 60. O Ewigkeit, du Donnerwort. B.A. 12 II, 190.)   Joh. Rud. Ahle 1662.

1. Es ist ge-nug; so nimm, Herr, mei-nen Geist zu Zi-ons Gei-stern
5. Es ist ge-nug: Herr, wenn es dir ge-fällt, so span-ne mich doch

hin. lös auf das Band. das all-ge-mäch-lich reisst, be-frei-e
aus. Mein Je-sus kommt: nun gu-te Nacht, o Welt! ich fahr' in's

die - sen Sinn,   der sich nach   sei - nem Got - te   seh - net,   der täglich
Him - mels Haus,   ich fah - re   si - cher hin mit   Frie - den,   mein grosser

klagt und nächt - lich   thrä - net.   Es ist ge - nug,   es ist ge - nug.
Jam - mer bleibt dar - nie - den.   Es ist ge - nug,   es ist ge - nug.

5 Str. (In der B. A. nur die 5. Str.)

Franz Joach. Burmeister 1662.

92. Es spricht der Unweisen Mund wohl.
(B. A. 39. No 55.)

Joh. Walter G. B. 1524.

Es spricht der Un - wei - sen Mund wohl: Den rech - ten Gott wir   mei - nen;
doch ist   ihr Herz Un - glaubens voll, mit That sie ihn ver - nei - nen.

Ihr We - sen ist ver - der - bet zwar, für Gott ist es ein

Greu - el gar; es   thut Ihr' Kei - ner   kein   Gut.
Kei - ner kein Gut.

(6 Str.)

Martin Luther 1524.

93. Es steh'n vor Gottes Throne. (B. A. 39. № 56.)

Joach. à Burck 1594.

Es steh'n vor Gottes Thro_ne, es steh'n vor Got_tes Thro_ne, die Soh_ne liebt
der in seim lieben Soh_ne, der in seim lie_ben Soh_ne liebt

un_sre Wächter sind, dass er auch nicht der Ei_nes ver_acht'will hab'n so
al_ler Menschen Kind,

Klei_nes, als je_mals ist ge_bor'n, als je_mals ist ge_bor'n.

(7 Str.)

Ludwig Helmbold 1585.

94. Es wird schier der letzte Tag herkommen.
(B. A. 39. № 57.)

Michael Weisse 1531.

Es wird schier der letz_te Tag her_kom_men,

denn die Bos_heit hat sehr zu ge_nom_men;

was Chri stus hat vor ge sagt, das wird jetzt be klagt.

(20 Str.)

Mich. Weisse 1531.

95. Es woll' uns Gott genädig sein. (B.A.39. № 58.)

Strassburger Kirchenamt 1525. (1524.)

Es woll' uns Gott ge nä dig sein und sei nen Se gen
sein Ant litz uns mit hel lem Schein er leucht' zum ew' gen

ge ben;
Le ben, dass wir er ken nen sei ne Werk' und,

was ihn liebt, auf Er den, und Je sus Chri stus Heil und Stärk' be

kannt den Hei den wer den und sie zu Gott be keh ren.

(3 Str.)

M. Luther 1524.

96. Es woll' uns Gott genädig sein. (B.A. 39. No 59.)

Strassburger Kirchenamt 1525.(1524.)

Es woll' uns Gott ge_nä___dig sein und sei_nen Se_gen ge_ben,
sein Ant_litz uns mit hel___lem Schein er_leucht'zum ew_gen Le__ben,

dass wir er_ken_nen sei_ne Werk' und, was ihn liebt, auf

Er___den, und Je_sus Christus Heil und Stärk' be_kannt den Hei_den

wer__den und sie zu Gott be_keh__ren. (3 Str.)

M. Luther 1524.

97. Es woll' uns Gott genädig sein.

(Cant. 69. *Lobe den Herrn, meine Seele.* B.A.16, 325.)

Strassburger Kirchenamt 1524.

3 Trompeten u. Pauken.

Es dan_ke, Gott, und lo__be dich das Volk in gu_ten
Land bringt Frucht und bes___sert sich, dein Wort ist wohl ge_

Tha - - - ten. Das
ra - - - - then. Uns seg - ne Va - ter und der Sohn, uns

seg - ne Gott, der heil' - ge Geist, dem al - le Welt die Eh - re thu', vor

ihm sich fürchte al - ler - meist, und sprecht von Her - zen: A - - men.
Her - - zen: A - - men.

3 Str. (Str. 3 des Liedes: Es woll' uns Gott genädig sein.)

M. Luther 1524.

98. Freu dich sehr, o meine Seele.
(Cant. 70. Wachet, betet, seid bereit. B. A. 16, 354.)

Franz. Psalmen. Genf 1551.

1. Freu dich sehr, o mei_ne See _ le, und ver_giss all' Noth und Qual,
weil dich nun Chri_stus,dein Her _ re, ruft aus die _ sem Jam_mer_thal.
10. Freu dich sehr, o mei_ne See _ le, und ver_giss all' Noth und Qual,
weil dich nun Chri_stus,dein Her _ re, ruft aus die _ sem Jam_mer_thal.

Aus Trüb_sal und gro_ssem Leid sollst du fah _ ren in die Freud, die kein
Sei _ ne Freud'und Herr_lich_keit sollst du sehn in E_wig _ keit, mit der

Ohr je hat ge_hö _ _ ret und in E _ wig_keit auch wäh _ _ ret.
En _ geln ju_bi_lie _ _ ren, in E _ wig_keit tri_um _ phie _ ren.
(In der B.A.nur die 10.Str.)   (10 Str.)

1620.

99. Freu dich sehr, o meine Seele.
(Cant. 19. Es erhub sich ein Streit. B. A. 2, 288.)

Franz. Psalmen. Genf 1551.

3 Trompeten u. Pauken.

Lass dein' En_gel mit mir fah _ ren auf E _ li_as Wa_gen roth,
und mein' See_le wohl be_wah _ ren, wie Laz'_rum nach sei_nem Tod.

Lass sie ruhn in dei_nem Schoos, er_füll' sie mit

Freud' und Trost, bis der Leib kommt aus der Er_ _de,

und mit ihr ver _ ei _ nigt wer _ _ _de.

10 Str. (Str. 9 des Liedes: Freu dich sehr, o meine Seele.)

1620.

100. Freu' dich sehr, o meine Seele.

(Cant. 194. Höchst erwünschtes Freudenfest. B. A. 29, 124.)

Französische Psalmen. Genf 1551.

1. Treuer Gott, ich muss dir kla _ gen meines Her _ zens Jam _ mer _ stand,
   ob dir wohl sind mei _ ne Pla _ gen besser, als mir selbst be _ kannt:
6. Heil'ger Geist in's Him _ mels Thro _ ne, gleicher Gott von E _ wig _ keit
   mit dem Va _ ter und dem Soh _ ne, der Be _ trüb _ ten Trost und Freud'!
7. Dei _ ne Hül _ fe zu mir sen _ de, o du ed _ ler Her _ zens _ gast!
   und das gu _ te Werk voll _ en _ de, das du an _ ge _ fan _ gen hast.

Cont.

gro _ sse Schwachheit ich bei mir in An _ fechtung oftmals spür, wenn der Sa _ tan
Al _ len Glau _ ben, den ich find', hast du in mir an _ ge _ zünd't, ü _ ber mir in
Blas' in mir das Fünklein auf, bis dass nach voll _ brachtem Lauf ich den Aus _ er _

al _ len Glau _ _ ben will aus mei _ nem Her _ zen rau _ ben.
Gna _ den wal _ _ te, fer _ ner dei _ ne Gnad' er _ hal _ te.
wähl _ ten glei _ _ che und des Glau _ bens Ziel er _ rei _ che.

12 Str. (In der B. A. nur die beiden untern Str.)

Joh. Heermann. 1630.

101. Freu' dich sehr, o meine Seele.

(Cant. 25. Es ist nichts Gesundes an meinem Leibe. B. A. 5 I, 188.)

Franz. Psalmen. Genf 1551.

Ich will al _ le mei _ ne Ta _ ge rüh _ men dei _ ne star _ ke Hand,
dass du mei _ ne Plag' und Kla _ ge hast so herz _ lich ab _ ge _ wandt.

Nicht nur in der Sterb-lich-keit soll dein Ruhm sein aus-ge-breit't:
ich will's auch her-nach er-wei-sen, und dort e-wig-lich dich prei-sen.

12 Str. (Str. 12 des Liedes: Treuer Gott ich muss dir klagen.)

Joh. Heermann. 1630.

102. Freu' dich sehr, o meine Seele.

(Cant. 32. Liebster Jesu, mein Verlangen. B. A. 7, 80.)

Franz. Psalmen. Genf 1551.

1. Weg, mein Herz mit den Ge-dan-ken, als ob du ver-sto-ssen wärst,
bleib in Got-tes Wort und Schranken, da du an-ders re-den hörst.
12. Mein Gott, öff-ne mir die Pfor-ten sol-cher Gnad' und Gü-tig-keit,
lass mich all-zeit al-ler Or-ten schmecken dei-ne Sü-ssig-keit!

Cont.

Bist du bös und un-ge-recht? Ei so ist Gott fromm und schlecht.
Lie-be mich, und treib' mich an, dass ich dich, so gut ich kann,

Hast du Zorn und Tod ver-die-net? Sin-ke nicht, Gott ist ver-süh-net.
wie-der-um um-fang' und lie-be, und ja nun nicht mehr be-trü-be.

12 Str. (In der B. A. nur die 12. Str.)

Paul Gerhardt. 1648.

103. Freu' dich sehr, o meine Seele.
(Cant. 30. Freue dich, erlöste Schaar. B. A. 5 1, 360.)

Franz. Psalmen. Genf 1551

1. Tröstet, trö_stet mei_ne Lie_ben, trö_stet mein Volk, spricht mein Gott,
tröstet, die sich jetzt be trü_ben ü_ber Fein_des Hohn und Spott;
3. Ei_ne Stimme lässt sich hö_ren in der Wü_sten, weit und breit,
al_le Menschen zu be keh_ren: macht dem Herrn den Weg be_reit,

weil Je_ru_sa_lem wohl dran, re_det sie gar freundlich an,
ma_chet Gott ein' eb'_ne Bahn, al_le Welt soll he_ben an,

denn ihr Lei_den hat ein En_de, ih_re Ritterschaft sich wen_de.
al_le Thä_ler zu er_hö_hen, dass die Ber_ge nied_rig ste_hen.

4 Str. (In der B. A. nur die 3. Str.)

Joh. Olearius. 1671

104. Freu' dich sehr, o meine Seele.
(Cant. 39. Brich dem Hungrigen dein Brod. B. A. 7, 348.)

Franz. Psalmen. Genf 1551

1. Kommt, und lasst euch Je_sum leh_ren, kommt und ler_net all_ zu_mal
wel_che die sein, die ge_hö_ren in der rech_ten Chri_sten Zahl,
6. Se_lig sind, die aus Er_bar_men sich an_neh_men frem_der Noth,
sind mit_lei_dig mit den Ar_men, bit_ten treu_lich für sie Gott.

die be_ken_nen mit dem Mund,
Die be_hülf_lich sind mit Rath,
glau_ben auch von Her_zens_grund,
auch, wo mög_lich, mit der That,

und be_mü_hen sich da_ne _ ben, Gut's zu thun, so lang sie le _ ben.
wer_den wie_der Hülf' em_pfan_gen und Barm_her_zig_keit er_lan_gen.

11 Str. (In der B. A. nur die 6. Str.)

Dav. Denicke. 1676.

105. Freuet euch, ihr Christen alle.

(Cant. 40. Dazu ist erschienen. B. A. 7, 394.)

Andr. Hammerschmidt. 1646.

Freuet euch, ihr Chri_sten al_le, freu_e sich wer im_mer kann! Gott hat viel an
Je_su, nimm dich dei_ner Glieder fer_ner in Ge_na_den an; schenke, was man

uns ge_than. Freu_et euch mit grossem Schalle, dass er uns aus To_des Macht
bit_ten kann, zu er_qui_cken dei_ne Brü_der: gib der gan_zen Chri_stenschaar

durch sein Sterben frei ge_macht. Freude, Freude ü_ber Freude! Christus weh_ret
Frie_den und ein sel'_ges Jahr! Freude, Freude ü_ber Freude! Christus weh_ret

al _ lem Leide. Wonne, Wonne ü_ber Wonne! er ist die Ge_naden_sonne.
al _ lem Leide. Wonne, Wonne ü_ber Wonne! er ist die Ge_naden_sonne.

4 Str. (In der B. A. nur die 2. Str.)

Christian Keymann. 1646.

106. Für Freuden lasst uns springen. (B. A. 39. No 60.)

Casp. Peltsch. 1648.

Für Freu_den lasst uns sprin_gen, ihr Christen all_zu_ gleiche!
Mit Mund und Her_zen sin_gen, denn Christ vom Him_mel rei_che

von ei_ner Jung_frau ist ge_bor'n, wer

hat zu_vor ge_hört von sol_chen Din_gen?

(6 Str.)

107. Gelobet seist du, Jesu Christ. (B. A. 39. No 61.)

Joh. Walther. G. B. 1524.

Ge_lo_bet seist du, Je_su Christ, dass du Mensch ge_

bo _ ren bist von ei _ ner Jung _ frau, das ist wahr, dess
freu _ et sich der En _ _ gel Schaar. Al _ le _ lu _ ja!
(7 Str.)

M. Luther. 1524.

108. Gelobet seist du, Jesu Christ. (Cant. 64. Sehet, welch' eine Liebe. B. A. 16, 118.)

Joh. Walther. G. B. 1524.

Das hat er Al _ les uns ge _ than, sein' gross' Lieb' zu

Cont.

zei _ gen an; dess freu' sich al _ le Chri _ sten _ heit und dank ihm dess in

Ky _ rie _ leis!

E _ wig _ keit. _____ Ky _ ri _ e e _ leis!
Ky ri _ e e _ _ leis!
E _ _ wig _ keit. Ky _ ri _ e e _ leis! _____

7 Str. (Str. 7 des Liedes: Gelobet seist du, Jesu Christ.)
M Luther 1524

109. Gelobet seist du, Jesu Christ. (Cant. 91. Gelobet seist du, J. Chr. B. A. 22, 32.)*   Joh. Walther. G. B. 1524.

7 Str. (Str. 7 des Liedes: Gelobet seist du, J. Chr.)
M. Luther 1524.

*) Ohne oblig. Instr., mit geringer Abweichung in der Textunterlage am Schlusse. steht dieser Choral als Variante in der Cantate 64. Sehet, welch' eine Liebe. B. A. 16, 371.

110. Gelobet seist du, Jesu Christ. (Weihnachts-Oratorium. B. A. 5 II, 110.)　Joh. Walther. G. B. 1524

111. Gieb dich zufrieden und sei stille. (B. A. 39, N⁰ 62.)　Joh. Seb. Bach. 1725

M. Luther. 1524.

P. Gerhardt. 1666.

112. Gott, der du selber bist das Licht. (B. A. 39. № 63.)

J. Crüger. 1648.

Gott, der du sel_ber bist das Licht, dess Güt' und Treu_e
nach_dem durch dei_ne gro_sse Macht der hel_le Tag die

stir_bet nicht, dir sei itzt Lob ge_sun___gen:
fin_stre Nacht so kräf_tig hat ver_drun___gen,

und dei_ne Gnad' und Wun_der_that mich, da ich schlief, er_hal_ten hat.

(15 Str.)

Joh. Rist. 1641.

113. Gott der Vater wohn' uns bei.. (B. A. 39. № 64.)

Joh. Walther. G. B. 1524.

Gott der Va_ter wohn' uns bei und lass' uns nicht ver_der_ben,
mach' uns al_ler Sün_den frei und helf' uns se_lig ster_ben.

Vor dem Teu_fel uns be_wahr', halt' uns bei fe_stem Glau_ben, und
dir uns las_sen ganz und gar, mit al_len rech_ten Chri_sten ent_

auf dich lass uns bau_en, aus Her_zens_grund ver_trau_en,
flie_hen Teu_fels Li_sten, mit Waf_fen Gott's uns fri_sten.

A_men, A_men, das sei wahr, so sin_gen wir Al_le_lu_ja.
(3.Str.)

M. Luther. 1524.

114. Gott des Himmels und der Erden. (Weihnachts Oratorium. B. A. 5 II, 208.)

Heinr. Albert. 1644.

Zwar ist sol_che Her_zens_stu_be wohl kein schö_ner Fürsten_saal,
sondern ei_ne fin_stre Gru_be; doch so bald dein Gnaden_strahl

Cont.

in die_sel_be nur wird blin_ken, wird sie vol_ler Son_nen dün_ken.

115. Gottes Sohn ist kommen. (B.A. 39, N? 65.)   Michael Weisse 1531.

Got_tes Sohn ist kom _ _ men uns Al _ len zu From _ men hie auf die _ se Er _ den in ar _ men Ge _ ber _ _ _ den, dass er uns von Sün _ _ de frei _ e und ent _ bin _ _ de.

(9 Str.)

J. Horn 1544.

116. Gott hat das Evangelium. (B.A. 39, N? 66.)   Erasmus Alberus 1548.

Gott hat das E _ van _ ge _ li _ um ge _ ge _ ben, dass wir werden fromm; die Welt acht' sol _ chen Schatz nicht hoch, der meh _ rer' Theil fragt

nichts dar_nach, das ist ein Zei_chen vor dem jüng_sten Tag.
(11 Str.)

Erasm: Alberus 1548.

117. Gott lebet noch. (B. A. 39, № 67.)

Freilinghausen's G. B. II 1714.

Gott lebet noch; See_le, was ver_zagst du doch? Gott ist gut, der aus Er_

barmen al _le Hülf' auf Er_den thut, der mit Kraft und starken Ar_men ma_chet

Al_les wohl und gut. Gott kann bes_ser als wir den_ken al_le Noth zum

be_sten lenken. See_le, so be_den_ke doch: lebt doch un_ser Herr Gott noch.
(8 Str.)

Joh. Friedr. Zihn 1692 (1682).

118. Gottlob, es geht nunmehr zu Ende.
(B. A. 39, No 68.)

Wahrscheinlich von Joh. Seb. Bach.

Gott_lob, es geht nun_mehr zum En_de, der mei_ste Kampf ist nun vollbracht;
mein Jesus reicht mir schon die Hände, mein Je_sus, der mich se_lig macht.

Drum lasst mich gehn, ich rei_se fort, mein Je_sus ist mein letz_tes Wort.
(7 Str.)

Christian Weise 1682.

119. Gott sei gelobet und gebenedeiet. (B. A. 39, No 69.)

J. Walter G. B. 1524.

Gott sei ge_lo_bet und ge_be_ne_dei_et, der uns
mit sei_nem Flei_sche und mit sei_nem Blu_te; das gieb

sel_ber hat ge_spei_set Ky_rie e_lei_son. Herr, durch dei_nen
uns, Herr Gott, zu Gu_te!

Mutter
heil'gen Leich_nam, der von dei_ner Mutt'r Ma_ri_a kam, und das hei_li_

ge Blut hilf uns, Herr, aus al ler Noth! Ky-rie e-lei son!
(3 Str.)

M. Luther 1524.

120. Gott sei uns gnädig und barmherzig.
(B. A. 39, № 70.)

G. Rhau, Enchiridion 1535.
Jos. Klug G.B. 1535.

Gott   sei uns gnä-dig   und   barm her zig

und   geb uns sei-nen gött-li-chen Se gen.

und   geb' uns sei-nen gött-li-chen Se gen.
und geb'   uns sei-nen gött-li-chen Se gen.
(3 Str.)

und geb' uns sei-nen gött-li-chen Se gen.

Nach 4. Mose, 6, 24-26.

121. Meine Seele erhebt den Herren. (B. A. 39, № 71.)

G. Rhau, Enchiridion 1535 und
Jos. Klug G.B. 1535.

Mei-ne See-le er-he-bet den Herrn,

und   mein Geist freu-et sich Got-tes mei-nes Hei-lands.

Evang. Lucä, 1, 46 u. 47.

122. Meine Seele erhebt den Herren.
(Cant. 10. Meine Seele erhebt den Herrn. B. A. 1, 303.)

Jos. Klug G. B. 1635.

Lob und Preis sei Gott dem Va _ ter und dem Sohn und dem heiligen Gei _ ste,

Cont.

wie es war im An _ fang jetzt und im _ mer _ dar und von
wie es war im An _ fang jetzt und im _ mer _ dar
wie es war im Anfang jetzt und im _ mer _ dar und von
wie es war im An _ _ fang jetzt und im _ mer _ _ dar und von E _ wig _

E _ wigkeit zu E _ _ wigkeit, A _ _ men. _
und von E _ wigkeit zu E _ wigkeit, A _ _ _ men.
E _ wig _ keit zu E _ wig _ keit, A _ _ _ men.
keit zu E _ wigkeit, A _ _ _ _ men.

(Lobgesang Mariä (Magnificat) Vers 10 u. 11.)
Jos. Klug G. B. 1535.

123ᵃ. Heilig, heilig. (B. A. 39, № 72.)

Handschr. Choralbuch. Steinau 1726.
Umbildung vielleicht von Bach.

Hei _ lig, hei _ lig, hei _ lig bist du Herr Gott Ze _ ba _

oth! Al _ le Lan _ de sind sei _ ner Eh _ re voll

Jes. 6, 3 u. Ev. Matth. 21, 9.

123ᵇ. Sanctus, sanctus Dominus Deus Sabaoth. (B. A. 39, Nᵒ 72.)

124. Helft mir Gott's Güte preisen.
(Von Gott will ich nicht lassen.)

(Cant. 28, Gottlob, nun geht das
Jahr zu Ende. B. A. 5 I. 272.)

Wolfg. Figulus 1575.

1. Helft mir Gott's Gü _ te prei _ _ sen, ihr lie _ ben Kin _ der _ lein,
   mit G'sang und an _ dern Wei _ _ sen ihm all _ zeit dankbar sein;
6. All' solch dein' Güt' wir prei _ _ sen, Va _ ter in's Himmels _ thron,
   die du uns thust be _ wei _ _ sen, durch Chri _ stum, dei _ nen Sohn,

Cont.

vor _ nehm _ lich zu der Zeit, da sich das Jahr thut en _ _ den, die
und bit _ ten fer _ ner dich: gieb uns ein fried _ lich's Jah _ _ re, für

Sonn' sich zu uns wen _ _ den; das neu' Jahr ist nicht weit.
al _ lem Leid be _ wah _ re und nähr' uns mil _ dig _ _ lich.

6 Str. (In der B. A. nur die 6. Str.)

Paul Eber vor 1569.

125. Helft mir Gott's Güte preisen.

(Cant. 16. Herr Gott, dich
loben wir. B. A. 2. 198.)

Wolfg. Figulus 1575.

All' solch dein' Güt' wir prei _ sen, Va _ ter in's Himmels _ thron,
die du uns thust be _ wei _ sen durch Je _ sum dei _ nen Sohn.

und bit_ten fer_ner dich, gieb uns ein fried_lich Jah_re, vor

al_les Leid be_ _wah_ _re und nähr' uns mil_dig_ _lich.

6 Str. (Str. 6 des Liedes: Helft mir Gott's Güte preisen.)

Paul Eber vor 1569.

126. Helft mir Gott's Güte preisen.

(Cant. 183. Sie werden euch in den Bann thun. B. A. 37. 74.)

Wolfg. Figulus 1575.

1. Zeuch ein zu dei_nen Tho_ _ren, sei mei_nes Her_zens Gast,
   der du, da ich ge_bo_ _ren, mich neu ge_bo_ren hast.
5. Du bist ein Geist, der leh_ _ret, wie man recht be_ten soll;
   dein Be_ten wird er_hö_ _ret, dein Sin_gen klin_get wohl;

O hoch_ge_lieb_ter Geist des Va_ters und des Soh_ _nes, mit
es steigt zum Him_mel an, es steigt und lässt nicht a_ _be, bis

bei_den glei_ches Thro_ _nes, mit bei_den gleich ge_ _preist!
der ge_hol_fen ha_ _be, der al_lein hel_fen kann.

12 Str. (In der B. A. nur die 5. Str.)

P. Gerhardt 1653.

*) Die kleinen Noten nach der Ausgabe von 1785 No 99.

127. Herr Christ, der einig' Gott's Sohn.
(Cant. 164. Ihr, die ihr euch von Christo nennet. B. A. 33. 88.)

Erfurt. Enchiridion 1524.

1. Herr Christ, der ei _ nig Gott's Sohn, Va _ ters in E _ wig_keit,
aus sei _ nemHerz'n ent_spros_sen,gleich wie ge_schrieben steht. Er ist der
5. Er _ tödt' uns durch dein' Gü _ te, er_weck' uns durch dein'Gnad'!
Den al _ ten Men_schen krän _ ke, dass der neu le _ ben mag wohl hier auf

Morgen_ster _ ne, sein'n Glanz streckt er so fer _ ne, vor an_dern Sternen klar.
die_ser Er _ den, den Sinn und all Be _ gehr _ den, nur G'danken hab' zu dir.

5 Str. (In der B. A. nur die 5. Str.)

Elisabeth Creutziger 1524.

128. Herr Christ, der einig' Gott's Sohn.
(Cant. 96. Herr Christ, der einig' Gotts Sohn. B. A. 22. 184.)

Erfurt. Enchiridion 1524.

Er _ tödt' uns durch dein' Gü _ te, er_weck' uns durch dein' Gnad';
den al _ ten Men_schen krän _ ke, dass der neu' le _ ben mag wohl

Cont.

hier auf die_ser Er _ den, den Sinn und all' Be _ gehr _ den und G'danken hab' zu dir.

5 Str. (Str. 5 des Liedes: Herr Christ, der einig Gott's Sohn.)

Elisabeth Creutziger 1524.

129. Herr Gott, dich loben alle wir. (B. A. 39. № 73.)

Französische Psalmen. Genf 1551.

Herr Gott, dich lo _ _ ben al _ _ le wir und

sol_len bil_lig dan_ken dir für dein Ge_schöpf der

En_gel schon, die um dich schweb'n in dei_nem Thron.

12 Str.

Paul Eber (1554 ?).

130. Herr Gott, dich loben alle wir.

Franz. Psalmen. Genf 1551.

2 Trompeten.

1. Herr Gott, dich lo_ben al_le wir und sol_len bil_lig danken dir

für dein Ge_schöpf der Engel schon, die um dich schweb'n in dei_nem Thron.

12 Str.

Paul Eber (1554 ?).

In der B. A. noch nicht veröffentlicht. In Erks Ausgabe Bachscher Choräle als № 220 angeführt. Echtheit fraglich. S. Vorwort des 39. B. d. B. A. S. L.

131. Herr Gott, dich loben alle wir. (Cant. 130. Herr Gott, dich loben alle wir. B. A. 26. 268.)

Franz. Psalmen. Genf 1551.

11. Da rum wir bil lig lo ben dich und dan ken
12. Und bit ten dich, du wollst all zeit die sel ben

dir, Gott, e wig lich, wie auch der lie ben
heis sen sein be reit, zu schü tzen dei ne

En gel Schaar dich prei set heut und im mer dar.
klei ne Heerd, so hält dein gött lich Wort in Werth.

12 Str. (Str. 11 u. 12 des Liedes: Herr Gott, dich loben alle wir.)

Paul Eber 1554 ?

132. Herr Gott, dich loben alle wir. (B. A. 39. Nº 74.)

Franz. Psalmen. Genf 1551.

1. Für dei-nen Thron tret' ich hier mit, o Gott, und dich de-mü-thig

bitt': wend' dein ge-nä-dig' An-ge-sicht von mir, dem ar-men Sünder, nicht.

15 Str.

Bodo von Hodenberg 1648.

133. Herr Gott, dich loben wir. (B. A. 39. Nº 75.)

J. Klugs G. B. 1535.

Herr Gott, dich lo-ben wir, Herr Gott, wir dan-ken dir.

Dich, Gott Va-ter in E-wig-keit, eh-ret die Welt
All' En-gel und all' Him-mels-heer, und was da die-net
auch Che-ru-bim und Se-ra-phim sin-gen im-mer mit

weit und breit.
dei-ner Ehr',
ho-her Stimm':

Hei-lig ist un-ser Gott!
Hei-lig ist un-ser Gott!

und pfleg' ihr' zu al _ ler Zeit und heb' sie hoch in E _ wig _ keit. Täg-

lich, Herr Gott, wir lo _ ben dich und ehr'n dein'n Na _ men ste _ tig _ lich.

Be _ hüt' uns heut', o treu _ er Gott, vor al _ ler Sünd und Mis _ se _ that,
sei gnädig uns, o Her _ re Gott, sei gnä _ dig uns in al _ ler Noth!
Zeig' uns dei _ ne Barm _ her _ zig _ keit, wie un _ ser Hoffnung zu dir steht.

Auf dich hof _ fen wir, lie _ ber Herr, in Schan _ den lass uns

A _ _ _ _ men!
nim _ mer _ mehr. A _ _ _ _ _ _ _ _ _ men!

Ambrosianischer Lobgesang verdeutscht von Mart. Luther 1529.

134. Herr Gott, dich loben wir.

(Cant. 119. Preise, Jerusalem den Herrn. B. A. 24, 246.)

J. Klug. G. B. 1535.

Hilf dei_nem Volk, Herr Je_su Christ, und seg_ne das dein Erb_theil ist. Wart' und pfleg' ihr'r zu al_ler Zeit und heb sie hoch in E_wig_keit. A - - - men. (Str. a. dem Te deum.)

M. Luther 1529.

135. Herr Gott, dich loben wir.

(Cant. 120. Gott, man lobet dich in der Stille. B. A. 24, 284.)

Val. Babst G. B. 1545.

Nun hilf uns Herr den Dei_nen dein, die mit dein'm Blut er_lö_set sein. Lass uns im Himmel ha_ben Theil mit den Heil'_gen im ew'_gen Heil. Hilf

dei_nem Volk, Herr Je_su Christ,und seg_ne was dein Erbtheil ist,wart'

und pfleg' ihr'r zu al_ler Zeit und heb sie hoch in E_wig_keit.
5 Str. (4.Str. des Liedes: Herr Gott dich loben wir.)

M. Luther 1529.

136. Herr, ich denk' an jene Zeit. (B. A. 39, № 76.)

G. B. der Böhm. Brüder 1566.

Herr, ich denk' an je_ne Zeit, wenn ich die_sem kur_zen Le_
kurzen Le_
kur zen Le_

ben we_gen mei_ner Sterblich_keit gu_te Nacht muss ge_ben. wenn ich

werd' auf dein Ge_bot durch den Tod Al_les ü_ber_stre_ben.
(7 Str.)

Georg Mylius 1650.

137. Herr, ich habe missgehandelt. (B. A. 39, № 77.)

J. Krüger 1649.

Herr, ich ha _ be miss _ ge _ han _ delt, ja mich drückt der Sün _ den Last;
ich bin nicht den Weg ge _ wan _ delt, den du mir ge _ zei _ get hast,

gern aus Schrecken

und jetzt wollt' ich gern aus Schre _ cken mich vor dei _ nem Zorn ver _ ste _ cken.

(8 Str.)

gern aus Schrecken

J. Frank vor 1649.

138. Herr, ich habe missgehandelt. (B. A. 39, № 78.)

J. Krüger 1649.

Herr, ich ha _ be miss _ ge _ han _ delt, ja mich drückt der Sün _ den Last;
ich bin nicht den Weg ge _ wan _ delt, den du mir ge _ zei _ get hast;

und itzt wollt' ich gern aus Schre _ cken mich vor dei _ nem Zorn ver _ ste _ cken.

(8 Str.)

J. Frank vor 1649.

139. Herr Jesu Christ, dich zu uns wend'. (B. A. 39, Nº 79.)   Pensum sacrum.
Görlitz 1648.

Herr Je_su Christ, dich zu uns wend', dein'n heil'_gen Geist du zu uns send', mit

Hülf' und Gnad', Herr, uns re_gier' und uns den Weg zur Wahr_heit führ'.

(4 Str.)

Herzog Wilhelm II. zu Sachsen Weimar (?) 1651.

140. Herr Jesu Christ, du hast bereit't. (B. A. 39, Nº 80.)   Handschriftlich: J. G. Wagner 1742.
vielleicht von Bach?

Herr Je_su Christ, du hast be_reit't für uns_re mat_te See_len,
dein'n Leib und Blut zu ein'r Mahlzeit thust uns zu Gä_sten wäh_len.

Wir tra_gen uns_re Sün_den_last; drum kom_men wir bei

dir zu Gast und su_chen Rath und Hül_fe.

(8 Str.)

Samuel Kinner 1644

141. Herr Jesu Christ, du höchstes Gut. (B. A. 39, № 81.)

Dresden G. B. 1593.

Herr Je_su Christ, du höchstes Gut, du Brunnquell al_ler Gna_den,
sieh doch, wie ich in mei_nem Muth mit Schmerzen bin be_la_den,

und in mir hab' der Pfei_le viel, die im Ge_wis_sen
Ge_wis_

oh_ne Ziel mich ar_men Sün_der drü_cken.
(8 Str.)

_ sen oh_ne

Bartholomaeus Ringwaldt 1588.

142. Herr Jesu Christ, du höchstes Gut.

(Cant. 113. Herr Jesu Christ, du höchstes Gut. B. A. 24, 80.)

Dresden G. B. 1593.

Stärk' mich mit dei_nem Freu_den_geist, heil' mich mit dei_nen Wun_den;
wasch' mich mit dei_nem To_desschweiss in mei_nen letz_ten Stun_den;

und nimm mich einst, wenn dir's ge_fällt im wah_ren Glau_ben

von der Welt zu dei_nen Aus_ _er_wähl_ten.

8 Str. (Str. 8 des Liedes: Herr Jesu Christ, du höchstes Gut.)

Barth. Ringwaldt 1588.

143. Herr Jesu Christ, du höchstes Gut.

(Cant. 168. Thue Rechnung! Donnerwort. B. A. 33, 166.)   Dresden G. B. 1539.

Stärk' mich mit dei_nem Freu_den_geist, heil' mich mit dei_nen   Wun _ den,
wasch' mich mit dei_nem To_desschweiss in mei_nen letz_ten   Stun _ den,

und nimm mich einst, wenn dir's ge_fällt, im wah_ren Glau_ben

Aus _ er_wähl _ _ten.

von der Welt zu dei_nen Aus_ _er_wähl_ten.

8 Str. (Str. 8 des Liedes: Herr Jesu Christ, du höchstes Gut.)

Barth. Ringwaldt 1588.

144. Herr Jesu Christ, du höchstes Gut.

(Cant. 48. Ich elender Mensch, wer wird mich erlösen. B. A. 10, 298.)

Dresden G. B. 1593.

? J. H. Schein's Cantional.

145. Herr Jesu Christ, mein's Lebens Licht. (B. A. 39 N°. 82.)

Sethus Calvisius 1594.
(Melodie des Rex Christe factor omnium)

12 Str. Joh. Heermann 1630.

M. Behm 1610.

146. Herr Jesu Christ, wahr'r Mensch und Gott. (B.A. 39 No 83.)

Poln. Cantional 1559.
Joh Eccard 1597.

Herr Je _ su Christ, wahr'r Mensch und Gott, der du litt'st Marter, Angst und Spott, für

mich am Kreuz auch end _ lich starbst und mir dein's Va _ ters Huld er _ warbst.

(6 Str.)

P. Eber 1560.

147. Herr Jesu Christ, wahr'r Mensch und Gott.

(Cant. 127. Herr Jesu Christ, wahr'r Mensch und Gott. B.A. 26, 160.)

Franz. Psalmen
Genf 1555.

Ach Herr, vergieb all' uns _ re Schuld, hilf dass wir war _ ten mit Ge _ duld, bis

un _ ser Stündlein kömmt her _ bei, auch un _ ser Glaub' stets wa _ cker sei, dein'm

Wort zu trau _ en fe _ stig _ lich, bis wir ent _ schla _ fen se _ lig _ lich.

8 Str. (Str. 8 des Liedes: Herr Jesu Christ, wahr'r Mensch und Gott.)

P. Eber 1560.

148. Herr, nun lass in Friede. (B. A. 39 № 84.)

Böhm. Brüder G. B. 1694.

Herr, nun lass in Frie - de, le - bens-satt und mü - de,

dei - nen Die - ner fah - ren zu den Him - mels - scha - ren,

se - lig und im Stil - len, doch nach dei - nem Wil - len. (10 Str.)

David Behme vor 1657.

149. Herr, straf' mich nicht in deinem Zorn. (B. A. 39 № 85.)

J. Crüger 1640.

Herr, straf' mich nicht in dei - nem Zorn, das bitt ich dich von Her - zen,
sonst bin ich ganz und gar ver - lor'n, mit dir ist nicht zu scher - zen,

150. Herr, wie du willst, so schick's mit mir.
(Aus tiefer Noth schrei' ich zu dir.)
(Cant. 156. Ich steh' mit einem Fuss im Grabe. B. A. 32, 114.)

Strassburger Kirchenamt 1525.

Caspar Bienemann 1574.

151. Herr, wie du willst, so schick's mit mir. (B. A. 39 № 86.)
(Aus tiefer Noth schrei ich zu dir.)

Strassburg 1525

Wer in dem Schutz des Höch-sten ist, und sich Gott thut er-ge-ben,
der spricht: du, Herr, mein Zu-flucht bist, mein Gott, Hoffnung und Le-ben,

Herr, wie du willst, so schick's mit mir im Le-ben wie im Ster-ben,
al-lein zu dir steht mein Be-gehr, lass mich, Herr, nicht ver-der-ben.

der du ja wirst er-ret-ten mich von Teu-fels Stri-cken

Er-halt' mich nur in dei-ner Huld, sonst wie du willst, gieb

gnä-dig-lich und von der Pe-sti-len-ze.
(9 Str.) Sebald Heyden 1544.

mir Ge-duld, dein Will', der ist der be-ste.
(3 Str.)

Casp. Bienemann 1574.

152. Herzlich lieb hab' ich dich, o Herr. (B. A. 39 № 87.)

Pasch. Reinigius 1587.
B. Schmid, Tabulaturbuch 1577.

Herz-lich lieb hab' ich dich, o Herr, ich bitt', wollst sein von mir nicht fern mit
Die ganz Welt nicht er-freu-et mich, nach Himm'l und Erd' nicht fra-ge ich, wenn

dei-ner Huld und Gna-de.
ich nur, Herr, dich ha-be.
Und wenn mir gleich mein Herz zerbricht, so bist doch du mein'

Zu-versicht, mein Heil und meines Herzens Trost, der mich durch sein Blut hat er_löst, Herr

Je _ su Christ! Herr Je _ su Christ, mein Gott und Herr! in Schanden lass mich nimmermehr.
(3 Str.)

Martin Schalling 1571.

153. Herzlich lieb hab' ich dich, o Herr.

(Cant. 174. Ich liebe den Höchsten. B. A. 35, 157.)

Pasch. Reinigius 1587.
B Schmid Tabulaturbuch 1577.

Herz_lich lieb hab' ich dich, o Herr, ich bitt': woll'st sein von mir nicht fern mit
Die gan_ze Welt er_freut mich nicht, nach Himm'l und Er_de frag' ich nicht, wenn

Taille

dei_ner Hilf' und Gna _ den. Herr, wenn mir gleich mein Herz zerbricht, so bist du doch mein'
ich dich nur kann ha _ ben.

Zu_ver_sicht, mein Heil und meines Herzens Trost, der mich durch sein Blut hat erlöst. Herr

Je_su Christ, mein Gott und Herr, mein Gott und Herr, in Schanden lass mich nimmermehr.
(3 Str.)

Mart Schalling 1571.

154. Herzlich lieb hab ich dich, o Herr.
(Johannes-Passion. B. A. 12 I, 131.)

Pasch. Reinigius 1587.
B. Schmids Tabulaturbuch 1577.

Ach Herr, lass dein lieb' En - ge - lein am letz - ten End' die
Den Leib in sein'm Schlaf - käm - mer - lein gar sanft, ohn ein' ge

Cont.

See - le mein in A - brahams Schooss tra - gen;
Qual und Pein, ruhn bis am jüng - sten Ta - ge!

Als dann vom Tod er -

we - cke mich, dass mei - ne Au - gen se - hen dich in al - ler Freud', o

Got - tes Sohn, mein Hei - land und Ge - na - denthron! Herr Je - su Christ, er -

hö - re mich, er - hö - re mich: ich will dich preisen e - wig - lich.

3 Str. (Str. 3 des Liedes: Herzlich lieb.)

Martin Schalling 1571.

155. Herzlich lieb hab ich dich, o Herr.

(Cant. 149. Man singet mit Freuden vom Sieg. B. A. 30, 299.)

Pasch. Reinigius 1587.
B. Schmids Tabulaturbuch 1577.

Ach Herr, lass dein' lieb' En - ge - lein am letz - ten End' die
den Leib in sei'm Schlaf - käm - mer - lein gar sanft, ohn' ein' ge

See - le mein in A - brahams Schooss tra - gen;
Qual und Pein, ruhn bis am jüng - sten Ta - ge. Als - dann vom Tod er -

we - cke mich, dass mei - ne Au - gen se - hen dich in al - ler Freud', o

Got - tes Sohn, mein Hei - land und mein Gna - denthron. Herr Je - su Christ, er -

Trompeten.

hö - re mich, er - hö - re mich: ich will dich preisen e - wig - - lich.

3 Str. (Str. 3 des Liedes: Herzlich lieb hab ich dich.)

Pauken.

Martin Schalling 1571.

156. Herzlich thut mich verlangen.
(Cant. 135. Ach Herr, mich armen Sünder. B. A. 28, 136.)

Hans Leo Hassler 1601.

Cyriacus Schneegass 1597

157. Herzlich thut mich verlangen. (B. A. 39., No 18.)

H. L. Hassler 1601.

P. Gerhardt 1656

158. Herzlich thut mich verlangen. (B. A. 39. № 19.)

H. L. Hassler 1601.

Be _ fiehl du dei _ ne We _ ge, und was dein Her _ ze kränkt,
der al _ ler _ treu _ sten Pfle _ ge des, der den Him _ mel lenkt.

Der Wol _ ken, Luft und Win _ den gibt We _ ge, Lauf und Bahn, der

wird auch We _ ge fin _ den, da dein Fuss ge _ hen kann.

(12 Str.)

P. Gerhardt 1656.

159. Herzlich thut mich verlangen.

(Matthäus - Passion. B. A. 4, 186.)

H. L. Hassler 1601.

Be _ fiehl du dei _ ne We _ ge und was dein Her _ ze kränkt,
der al _ ler _ treu _ sten Pfle _ ge des, der den Him _ mel lenkt,

der Wol _ ken, Luft und Win _ den giebt We _ ge, Lauf und Bahn, der

wird auch We _ ge fin _ den, da dein Fuss ge _ hen kann.

(12 Str.)

P. Gerhardt 1656.

160. Herzlich thut mich verlangen.
(Cant. 153. Schau', lieber Gott, wie meine Feind'. B. A. 32, 46.)   H. L. Hassler 1601.

Und ob_gleich al _ le Teu _ _ fel dir woll_ten wi_der_stehn.
so wird doch oh_ne Zwei_ _ fel Gott nicht zu_rü_cke gehn;

was er ihm für_ge _ nom _ men und was er ha_ben will, das

muss doch end_lich kom _ men zu sei_nem Zweck und Ziel.
12 Str. (Str. 5 des Liedes: Befiehl du deine Wege.)

P. Gerhardt 1656.

161. Herzlich thut mich verlangen.
(Cant. 161. Komm, du süsse Todesstunde. B. A. 33, 27.)   H. L. Hassler 1601.

Flöte I u. II.

1.* Herz_lich thut mich ver _ lan _ _ gen nach ei _ nem sel _ gen
weil ich hier bin um _ fan _ _ gen mit Trüb_sal und E _
4. Der Leib zwar in der Er _ _ den von Wür_mern wird ver_
doch auf_er_weckt soll wer _ _ den, durch Chri_stum schön ver_

End,——
lend.——
zehrt,——   Ich hab' Lust ab _ zu_ schei _ _ den von
klärt,——   wird leuch _ ten als die Son _ _ ne und

* In der B. A. nur die 4. Str.

die ser ar _ gen Welt, sehn' mich nach ew' gen
le _ ben oh _ ne Noth in himml' scher Freud und

Freu _ den, o Je _ su, komm nur bald.
Won _ _ ne. Was schad't mir dann der Tod? (11 Str.)

Christoph Knoll 1599.

162. Herzlich thut mich verlangen.

(Matthäus-Passion. B. A. 4. 214.)   H. L. Hassler 1601.

1. O Haupt voll Blut und Wun _ den, voll Schmerz und vol _ ler Hohn!
   O Haupt, zu Spott ge _ bun _ den mit ei _ ner Dor _ nen _ kron'!
2. Du ed _ les An _ ge _ sich _ te, vor dem sonst schrickt und scheut
   das gro _ sse Welt _ ge _ rich _ te, wie bist du so be _ speit.

O Haupt, sonst schön ge _ zie _ ret mit höch _ ster Ehr' und Zier, jetzt
Wie bist du so er _ blei _ chet, wer hat dein Au _ gen _ licht, dem

a _ ber hoch schim _ pfi _ ret: ge _ grü _ sset seist du mir!
sonst kein Licht nicht glei _ chet, so schänd _ lich zu _ ge _ richt't?

(10 Str.)

P. Gerhardt 1656.

163. Herzlich thut mich verlangen.

(Matthäus-Passion. B. A. 4, 51 u. 53.)

H. L. Hassler 1601.

5. Er_ken_ne mich, mein Hü_ter, mein Hir_te, nimm mich an,
von dir, Quell al_ler Gü_ter, ist mir viel Gut's ge_ _than.
6. Ich will hier bei dir ste_hen; ver_ach_te mich doch nicht!
(In Es dur.) Von dir will ich nicht ge_hen, wenn dir dein Her_ze bricht.

Dein Mund hat mich ge_la_bet mit Milch und sü_sser Kost, dein
Wann dein Herz wird er_blas_sen im letz_ten To_des_stoss, als_

Geist hat mich be_ga_bet mit man_cher Him_mels_lust.
dann will ich dich fas_sen in mei_nen Arm und Schooss.

10 Str. (Str. 5 u. 6 des Liedes: O Haupt voll Blut und Wunden.)

P. Gerhardt 1656.

164. Herzlich thut mich verlangen.

(Matthäus-Passion. B. A. 4, 248.)

H. L. Hassler 1601.

Wenn ich ein_mal soll schei_den, so schei_de nicht von mir!
Wenn ich den Tod soll lei_den, so tritt du dann her_für!

Wenn mir am al-ler bäng-sten wird um das Her-ze sein, so

reiss mich aus den Äng-sten kraft dei-ner Angst und Pein!

10 Str. (Str. 9 des Liedes: O Haupt voll Blut und Wunden.)

P. Gerhardt 1656.

165. Herzlich thut mich verlangen.

(Weihnachts - Oratorium. B. A. 5 II, 36.)

H. L. Hassler 1601.

Wie soll ich dich em-pfan-gen, und wie be-gegn' ich dir?
o al-ler Welt Ver-lan-gen, o mei-ner See-len Zier!

Cont.

O Je-su, Je-su! se-tze mir selbst die Fa-ckel bei, da-

mit, was dich er-gö-tze, mir kund und wis-send sei.

(10 Str.)

P. Gerhardt 1653.

166. Herzliebster Jesu, was hast du verbrochen.
(Matthäus-Passion. B.A. 4, 23.)

Joh. Crüger 1640.

Cont.

Herz_liebster Je_su, was hast du ver_brochen, dass man ein solch hart Urtheil hat ge_sprochen? Was ist die Schuld, in was für Misse_tha_ten bist du ge_ra_then?
(15 Str.)

Joh. Heermann 1630

167. Herzliebster Jesu, was hast du verbrochen.
(Matthäus-Passion. B.A. 4, 192.)

Joh. Crüger 1640.

Wie wun_der_bar_lich ist doch die_se Stra_fe! der gu_te Hir_te lei_det für die Scha_fe; die Schuld be_zahlt der Her_re, der Ge_rech_te, für sei_ne Knech_te!
15 Str. (Str. 4 des Liedes: Herzliebster Jesu.)

Joh. Heermann 1630.

168. Herzliebster Jesu, was hast du verbrochen.
(Johannes-Passion. B. A. 12 I, 17.)

Joh. Crüger 1640.

O grosse Lieb', o Lieb' ohn' al-le Maasse, die dich gebracht auf die-se Marter-

stra-sse! Ich leb-te mit der Welt in Lust und Freu-den, und du musst lei-den!

15 Str. (Str. 7 des Liedes: Herzliebster Jesu.)

Joh. Heermann 1630.

169. Herzliebster Jesu, was hast du verbrochen.
(Johannes-Passion. B. A. 12 I, 52.)

Joh. Crüger 1640.

8. Ach, gro-sser Kö-nig, gross zu al-len Zei-ten, wie
9. Ich kann's mit mei-nen Sin-nen nicht er-rei-chen, wo-

kann ich g'nugsam die-se Treu' aus-brei-ten? Kein's Men-schen Her-ze
mit doch dein Er-bar-men zu ver-glei-chen. Wie kann ich dir denn

mag in-dess aus-den-ken, was dir zu schen-ken.
dei-ne Lie-bes-tha-ten im Werk er-stat-ten?

15 Str. (Str. 8 u. 9 des Liedes: Herzliebster Jesu.)

Joh. Heermann 1630.

170. Heut' ist o Mensch, ein grosser. (B.A. 39. No 88.)

M. Apelles v. Löwenstern 1644.

*) Heut' ist, o Mensch, ein grosser Trau_er_tag, an wel_chem un_ser
Heut' stirbet Gott; wer ist, der solch's be_denkt? Das Le_ben selbst heut
Komm! meine Seel', und tritt zum Kreuz her_bei, zu hö_ren was des

Hei_land gro_sse Plag' er_lit_ten hat, und todt dar_nie_der lag.
an dem Kreu_ze hängt und sich für uns zum Sün_den_o_pfer schenkt.
To_des Ur_sach sei, und tra_ge drob von Her_zen Leid und Reu'.

(3 Str; mit Christi Rede am Kreuz 13 Str.)

A. v. Löwenstern 1644.

171. Heut' triumphiret Gottes Sohn. (B.A. 39. No 89.)

Bartholomäus Gesius 1601.

Heut trium_phi_ret Got_tes Sohn, der von dem Tod er_stan_den schon, Hal_

le_lu_ja, hal_le_lu_ja! mit grosser Pracht und Herr_lich_keit,

des dank'n wir ihm in E_wig_keit. Hal_le_lu_ja, hal_le_lu_ja!

(6 Str.)

Basilius Förtsch 1601.

*) In der B.A. nur die 1. Str. Vergl. No 303.

174. Ich bin ja, Herr, in deiner Macht. (B. A. 39, № 92.)

Joh. Seb. Bach. ?

in dei - - ner Macht,
meiner Mon - - den Zahl,

an das Licht
diesem Jam -

Ich bin ja, Herr, in dei - ner Macht, du hast mich an das
du ken - nest mei - ner Mon - den Zahl, weisst, wann ich die - sem

Licht ge - bracht, und du er - hältst mir auch das Le - ben,
Jam - mer - thal auch wie - der gu - te Nacht soll ge - ben.

ich ster - - ben soll,

Wo, wie und wann ich ster - ben soll, das weisst du, Va - ter, mehr als wohl.

(8 Str.)

Simon Dach vor 1648.

175. Ich dank' dir, Gott, für all' Wohlthat. (B. A. 39, № 93.)

Cyr. Spangenberg 1568.
Eisleben. G. B. 1598.

Ich dank' dir, Gott für all' Wohl - that, dass du uns hast so

gnä - - dig - lich die Nacht be - hüt't durch dei - ne

Güt', und bitt' nun fort, ach Gott, mein Hort, vor Sünd' und G'fahr mich

Bö _ ses wi _ _ _ der

heut' be _ wahr', dass mir kein Bö _ _ _ ses wi _ der fahr. (3 Str.)

J. Freder 1552.

176. Ich dank' dir, lieber Herre. (B. A. 39, No 94.)

J. K. Horn 1544.
Praxis piet 1662.

Ich dank' dir, lie _ ber Her _ re, dass du mich hast_____ bewahrt
in die _ ser Nacht Ge _ fäh _ re, da _ rin ich lag_____ so hart

mit Fin _ ster _ niss um _ fan _ gen, da _ zu in gro _ sser Noth, da _

raus ich bin ent _ gan _ gen, halfst du mir Her _ _ _ re Gott! (9 Str.)

Joh. Kolrose 1535.

177. Ich dank' dir, lieber Herre. (B. A. 39, N? 95.)

J. K. Horn 1544.
Praxis piet 1662.

Ich dank' dir, lie_ber Her_re,dass du mich hast be_wahrt in dieser
NachtGe_fäh_re, da_rin ich lag so hart

mit Fin_ster_niss um_fan_gen, da_zu in gro_sser Noth, da_

raus ich bin ent_gan_gen, halfst du mir, Her_re Gott.
(9 Str.)

Joh. Kolrose 1535.

178. Ich dank' dir, lieber Herre.
(Cant. 37. Wer da glaubet und getauft wird. B. A. 7, 282.)

J. K. Horn 1544.
Praxis piet 1662.

Den Glauben mir ver_lei_he an dein'n Sohn, Je_sumChrist, mein'

Sünd mir auch ver_zei_he all_hier zu die_ser Frist.

Du wirst mir's nicht ver _ sa _ gen, was du ver _ hei _ ssen hast, dass

er mein' Sünd thu' tra _ gen und lös' mich von _ der Last.
9 Str. (Str. 4 des Liedes: Ich dank dir, lieber Herre.)
mich   von

Joh. Kohlrose 1535.

179. Ich dank' dir schon durch deinen Sohn. (B. A. 39, Nº 96.)   Mich. Praetorius 1610.

Ich dank' dir schon durch dei _ nen Sohn, o Gott, für

dei _ ne Gü _ te, dass du mich heut in

die _ ser Nacht so gnä _ dig hast be _ hü _ tet.
(8 Str.)

Zach. Berwaldt G. B. Leipzig 1582

180. Ich danke dir, o Gott, in deinem Throne. (B.A.39,N°97.) Franz.Psalmen, Genf 1555

Ich dan - ke dir, o Gott, in dei - nem Thro - ne, durch Je - sum Chri - stum, dei - nen lie - ben Soh - ne, dass du mich hast in die - ser Nacht be - wah - ret vor Scha - den und vor man - cher - lei Ge - fah - ren, und bit - te dich, wollst mich an die - sem Ta - ge be - hü - ten auch vor Sün - den, Schand' und Pla - ge. (5 Str.)

Joh. Krüger G. B. 1640.

181. Ich freue mich in dir.

(Cant. 133. Ich freue mich in dir. B. A. 28, 80.)

Mel. vor Bach nicht nachzuweisen.
Joh. Balth. König 1738.

1. Ich freu-e mich in dir und hei-sse dich will kom-men,
mein lieb stes Je-su-lein; du hast dir vor-ge-nom-men
4. Wohl-an! so will ich mich an dich, o Je-su, hal-ten,
und soll-te gleich die Welt in tau send Stü-cke spal-ten.

mein Brü-der-lein zu sein. Ach, wie ein süs-ser Ton! Wie
O Je-su! dir, nur dir, dir leb' ich ganz al-lein, auf

freund-lich sieht er aus, der hol-de Got-tes-sohn.
dich, al-lein auf dich, o Je-su, schlaf' ich ein!

4 Str. (Str. 1 u. 4 In der B. A. nur die 2.Str.)

Caspar Ziegler 1648.

182. Ich hab' mein' Sach' Gott heimgestellt. (B.A.39, N° 38.)

Cassel G. B. 1601.

Ich hab' mein' Sach' Gott heim-gestellt, er mach's mit mir, wie's ihm ge-fällt, soll

ich all hier noch län-ger leb'n, nicht wi-derstreb'n, sei'm Will'n thu ich mich ganz er-geb'n.

(18 Str.)

Joh. Leon um 1589.

183. Ich ruf' zu dir, Herr Jesu Christ
(Cant. 177. Ich ruf' zu dir Herr Jesu Christ. B. A. 35, 234)

Jos. Klug G. B. 1535

1. Ich ruf' zu dir Herr Je - su Christ, ich bitt', er - hör' mein Kla - gen,
ver - leih' mir Gnad' zu die - ser Frist, lass mich doch nicht ver - za - gen.
5. Ich lieg' im Streit' und wi - der - streb', hilf, o HerrChrist, dem Schwa - chen!
An dei - ner Gnad' al - lein ich kleb', du kannst mich stär - ker ma - chen.

Cont.

Den rech - ten Weg, o Herr, ich mein', den wol - lest du mir
Kömmt nun An - fech - tung, Herr, so wehr, dass sie mich nicht um -

ge - ben, dir zu le - - - ben, mein'm Näch - sten
sto - - sse. Du kannst ma - - ssen, dass mir's nicht

nütz zu sein, dein Wort zu hal - ten e - ben.
bring' Ge - fahr; ich weiss, du wirst's nicht las - sen.

5 Str. (In der B. A. nur die 5 Str.)

Joh. Agricola vor 1530

184. Ich ruf' zu dir, Herr Jesu Christ
(Cant. 185. Barmherziges Herze der ewigen Liebe. B. A. 37, 118)

Jos. Klug G. B. 1535

Violine

Ich ruf' zu dir, Herr Je - su Christ, ich bitt, er - hör mein Kla - gen;
ver - leih mir Gnad zu die - ser Frist, lass mich doch nicht ver - za - gen!

Den rech-ten Glauben, Herr, ich mein, den wol-lest du mir ge-ben, dir zu

le - ben, mei'm Nächsten nutz zu sein, dein Wort zu hal-ten e - ben.
(5 Str.)

Joh. Agricola vor 1530.

185. Jesu, der du meine Seele. (B. A. 39, N? 99.)

Praxis piet 1662.

Je - su, der du mei - ne See - le hast durch dei - nen bit - tern Tod
aus des Teu-fels fin-strer Höh-le und der schweren Sün-den-noth

kräf-tig - lich her - aus-ge-ris-sen und mich. Sol-ches las-sen wis-sen

durch dein an - ge - neh-mes Wort: sei doch itzt, o Gott, mein Hort.
(12 Str.)

Joh. Rist 1641.

186. Jesu, der du meine Seele. (B. A. 39. № 100.)

Praxis piet. 1662.

Je _ su, der du | mei _ ne See _ | le hast durch | dei _ nen bit _ tern | Tod
aus des Teufels | fin _ strer Höh _ | le und der | schweren Sün _ den _ | noth

kräf _ tig _ lich her _ | aus _ ge _ ris _ | sen und mich | Sol _ ches las _ sen

wis _ sen durch dein an _ ge _ | neh _ mes Wort: | sei doch itzt, o | Gott, mein Hort.
(12 Str.)

Joh. Rist. 1641.

187. Jesu, der du meine Seele. (B. A. 39. № 101.)

Praxis piet. 1662.

Je _ su, der du | mei _ ne See _ le | hast durch dei _ nen | bit _ tern Tod
aus des Teufels | fin _ strer Höh _ le | und der schweren | Sün _ den _ noth

kräf _ tig _ lich her _ aus _ ge _ ris _ sen | und mich Sol _ ches | las _ sen wis _ sen

durch dein an_ge_neh_mes Wort: sei doch itzt, o Gott, mein Hort.
(12 Str.)

Joh. Rist. 1641.

188. Jesu, der du meine Seele.

(Cant. 78. Jesu, der du meine Seele. B. A. 18, 286.)

Praxis piet. 1662.

Herr! ich glau_be, hilf mir Schwachen, lass mich ja ver_za_gen nicht;

Cont.

du, du kannst mich stär_ker ma_chen, wenn mich Sünd' und Tod an_ficht.

Dei_ner Gü_te will ich trau_en, bis ich fröh_lich wer_de schau_en

dich, Herr Je_su, nach dem Streit in der sü_ssen E_wig_keit.

12 Str. (Str. 12 d. Liedes: Jesu, der du meine Seele.)

Joh. Rist. 1641.

189. Jesu, der du selbst so wohl. (B. A. 39. № 102.)

Kirchen= u. Hausmusik
Breslau o. J. (1668?)

Je_su, der du selbst so wohl hast den Tod ge_schme_cket,

hilf mir, wenn ich ster_ben soll, wenn der Tod mich schre_cket:

Wenn mich mein Ge_wis_sen nagt und die Sün_den pla_gen,

wenn der Sa_tan mich ver_klagt, lass mich nicht ver_za_gen.
(1 Str.)

Mich. Bapzien, um 1656.

190. Jesu, du mein liebstes Leben. (B. A. 39. № 103.)

Joh. Schop. 1642.

Je_su, du___ mein lieb_stes Le_ben, mei_ner See_len
der du bist___ für mich ge_ge_ben an des bit_tern

Bräu_ti_gam, Je_su, mei_ne Freud' und Won_ne, du mein'
Kreu_zes Stamm, Hirt und Kö_nig, Licht und Son_ne, ach, wie

Hoff_nung, Schatz und Heil, mein' Er_lö_sung,Schmuck und Heil,
soll ich wür_dig_lich, mein Herr Je_su, prei_sen dich?
(13 Str.)

Joh. Rist. 1642.

191. Jesu, Jesu, du bist mein. (B. A. 39. Nº 104.)   Wahrscheinlich von Bach.
Schemelli G. B. 1736.

Je_su, Je_su, du bist mein, weil ich muss auf Erden wallen; lass mich ganz dein

ei_gen sein, lass mein Le_ben dir ge_fallen. Dir will ich mich ganz er_geben,

und im To_de an dir kleben, dir ver_traue ich al_lein, Je_su, Je_su, du bist mein.
(4 Str.)

Meiningen G. B. 1697.

192. Jesu Leiden, Pein und Tod. (Johannes-Passion. B. A. 12 I, 39.)

Melch. Vulpius. 1609.

Petrus, der nicht denkt zurück, seinen Gott ver _ nei _ net, der doch auf ein'n

ernsten Blick bitter_li _ chen wei _ net: Je_su, blicke mich auch an, wenn ich nicht will

bü _ ssen; wenn ich Bö_ses hab' gethan, rüh_re mein Ge _ wis _ sen.

34 Str. (Str. 10 des Liedes: Jesu Leiden, Pein und Tod.)

Paul Stockmann, vor 1636.

193. Jesu Leiden, Pein und Tod. (Johannes-Passion. B. A. 12 I, 103.)

Melch. Vulpius. 1609.

Er nahm Al_les wohl in Acht in der letzten Stun _ de, sei_ne Mutter

noch bedacht', setzt' ihr ein'n Vor _ mun_de. O Mensch, mache Richtigkeit, Gott und Menschen

lie _ be, stirb da _ rauf ohn' al _ les Leid, und dich nicht be _ trü _ be.

34 Str. (Str. 20 des Liedes: Jesu Leiden, Pein und Tod.)

Paul Stockmann, vor 1636.

194. Jesu Leiden, Pein und Tod.

(Cant. 159. Sehet, wir geh'n hinauf gen Jerusalem. B. A. 32, 168.)

Melch. Vulpius. 1609.

1. Je _ su Lei _ den, Pein und Tod, Je _ su tie _ fe Wun _ den,
33. Je _ su, dei _ ne Pas _ si _ on ist mir lau _ ter Freu _ de,

Cont.

ha _ ben Menschen, die nur Koth, heil _ sam _ lich ver _ bun _ den.
dei _ ne Wun _ den, Kron' und Hohn mei _ nes Herzens Wei _ de;

Men _ schen, die nur Koth,
Wun _ den, Kron' und Hohn

Men _ schen, schafft die Sün _ de ab, wir sind Chri _ sten wor _ den,
mei _ ne Seel' auf Ro _ sen geht, wenn ich dran ge _ den _ ke,

sol _ len kom _ men aus dem Grab in der En _ gel Or _ den.
in dem Him _ mel ei _ ne Stätt' mir des _ we _ gen schen _ ke.

34 Str. (Str. 33 des Liedes: Jesu Leiden, Pein und Tod.)

Paul Stockmann, vor 1636.

195. Jesu, meine Freude. (B. A. 39. Nº 105.)   Joh. Crüger. Praxis piet. 1653.

Je - su, mei - ne Freu - de, mei - nes Her - zens Wei - de,
ach wie lang', ach lan - ge ist dem Her - zen ban - ge,

Je - su, mei - ne Zier, Got - tes Lamm, mein Bräu - ti - gam, au - sser dir soll
und ver - langt nach dir.

mir auf Er - den nichts sonst lie - bers wer - - den.
          (6 Str.)

Joh. Franck. 1653.

196. Jesu, meine Freude. (Motette. Jesu, meine Freude. B. A. 39, 61 u. 84.)   Joh. Crüger 1653.

1. { Je - su, mei - ne Freu - de, mei - nes Her - zens Wei - de,
     ach wie lang'; ach lan - ge ist dem Her - zen ban - ge

6. { Weicht, ihr Trau - er - gei - ster, denn mein Freu - den - mei - ster,
     De - nen, die Gott lie - ben, muss auch ihr Be - trü - ben

Je _ su, mei _ ne　Zier!
und ver _ langt nach　dir!
Je _ sus, tritt her _ ein.
lau _ ter Zu _ cker　sein.

Got _ tes Lamm, mein　Bräu _ ti _ gam,
Duld'ich schon hier　Spott und Hohn,

au _ sser dir soll　mir auf Er _ den nichts sonst　Lie _ bers wer _ den.
den _ noch bleibst du　auch im Lei _ de, Je _ su,　mei _ ne Freu _ de.
(6 Str.)

Joh. Franck. 1653.

197. Jesu, meine Freude. (Cänt. 81. Jesus schläft, was soll ich hoffen? B. A. 20 I, 24.)　Joh. Crüger. 1653.

Un _ ter dei _ nen　Schir _ men　bin ich vor den　Stür _ men
Lass den Sa _ tan　wit _ tern,　lass den Feind er _ bit _ tern,

al _ ler Fein _ de　frei.　Ob es jetzt gleich kracht und blitzt,
mir steht Je _ sus　bei.

ob _ gleich Sünd' und　Höl _ le schre _ cken: Je _ sus　will mich de _ cken.
6 Str. (Str. 2 des Liedes: Jesu meine Freude.)

Joh. Franck 1653

198. Jesu, meine Freude. (Motette. Jesu, meine Freude. B. A. 39, 66.)   Joh. Crüger. 1653

199. Jesu, meine Freude. (Motette. Jesu, meine Freude. B. A. 39, 75.)   Joh. Crüger. 1653

Joh. Franck. 1653.

200. Jesu, meine Freude.

(Cant. 64. Sehet, welch' eine Liebe. B. A. 16, 132.)

Joh. Kruger 1653.

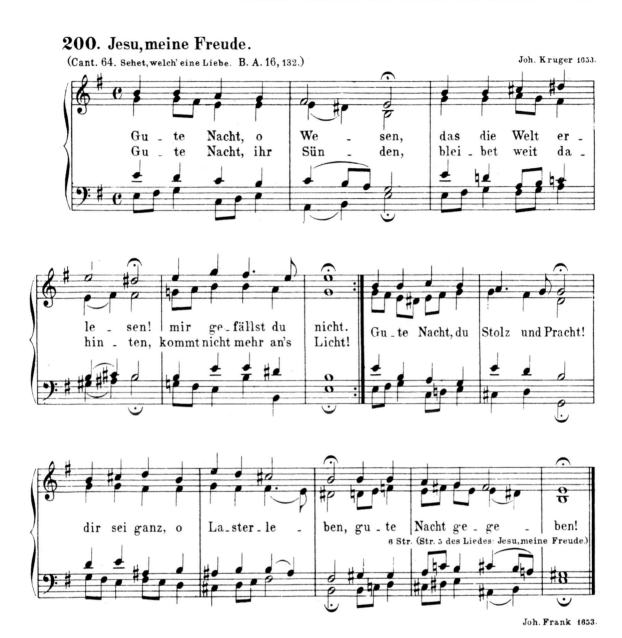

Gu-te Nacht, o We-sen, das die Welt er-
Gu-te Nacht, ihr Sün-den, blei-bet weit da-

le-sen! mir ge-fällst du nicht. Gu-te Nacht, du Stolz und Pracht!
hin-ten, kommt nicht mehr an's Licht!

dir sei ganz, o La-ster-le-ben, gu-te Nacht ge-ge-ben!

6 Str. (Str. 5 des Liedes: Jesu, meine Freude.)

Joh. Frank 1653.

201. Jesu, meine Freude.

(Cant. 87. Bisher habt ihr nicht gebeten. B. A. 20 I, 152.)

Joh. Crüger 1653.

1. Se-lig ist die See-le, die in ih-rer Höh-le,
   Du wirst sie um-ar-men, und mit Trost er-war-men,
9. Muss ich sein be-trü-bet? so mich Je-su lie-bet:
   ü-ber Ho-nig sü-sse, tau-send Zu-cker-küs-se,

dich, o Je_su, liebt: du bist ihr Licht, Heil und Zier,
wenn sie ist be_trübt;
ist mir al_ler Schmerz
drü_cket er an's Herz. Wenn die Pein sich stel_let ein,

ih_res Her_zens sü_sse Wei_de, Le_ben Schatz und Freu_de.
sei_ne Lie_be macht zur Freu_den auch das bitt'_re Lei_den.

9 Str. (Str. 1 u. 9. In der B. A. nur die 9. Str.)

Heinr. Müller 1659.

202. Jesu, meines Herzens Freud'. (B. A. 39 N⁰ 108.)

Melodie von J. R. Ahle.
Joh. Flitner 1661.

Je_su, mei_nes Her_zens Freud', sü_sser Je_su! Mei_ner

See_len Se_lig_keit, sü_sser Je_su! Des Ge_mü_thes

Si_cher_heit, sü_sser Je_su! Je_su, sü_sser Je_su!

(5 Str.)

J. Flitner 1661

203. Jesu, nun sei gepreiset. (B. A. 39 No 109.) Weihnachtslieder. Wittenberg 1591.

Je_su, nun sei ge_prei_set zu die_sem neu_en Jahr, für
Dass wir ha_ben er_le_bet die neu' fröh_li_che Zeit, die

dein' Güt', uns be_wei_set in al_ler Noth und G'fahr:
vol_ler Gna_den schwe_bet und ew'_ger Se_lig_keit.

Das wir in gu_ter Stil_le das alt' Jahr hab'n er_fül_let. Wir

woll'n uns dir er_ge_ben jetzt und und im_mer_dar: be_hüt' uns

Leib und Le_____ben hin fort das gan_ze Jahr! be_

hüt' uns Leib und Le____ben hin fort das gan_ze Jahr!

(3. Str.)

Joh. Hermann, Senior 1591

204. Jesu, nun sei gepreiset.

(Cant. 41. Jesu, nun sei gepreiset. B. A. 10, 58)
(Cant. 171. Gott, wie dein Name. B. A. 35, 32. (in D dur))

Wittenberg 1591.

Dein ist al_lein die Eh _ re, dein ist al_lein der Ruhm;
bis wir fröhlich ab _ schei _ den in's e _ wig' Himmel_reich

Ge _ duld im Kreuz uns leh _ re, re_gier' all un_ser Thun,
zu wah_rem Fried' und Freu _ de, den Heil'gen Got_tes gleich.

In _ dess mach's mit uns Al_len nach dei_nem Wohlge _ fal _ len: solch's

sin _ get heut ohn' Scher _ zen die christ_gläu _ bi _ ge Schaar, und

wünscht mit Mund und Her _ zen ein se_lig's neu _ es Jahr, und

wünscht mit Mund und Her _ zen ein se_lig's neu_es Jahr.

3 Str. (Str. 3 des Liedes: Jesu, nun sei gepreiset.)

Joh. Hermann, Senior 1591.

205. Jesu, nun sei gepreiset.

(Cant. 190. Singet dem Herrn ein neues Lied. B. A. 37, 257.)

Wittenberg. 1591.

3 Ob.

3 Tromp.
u. Pauken

Ob.

Lass uns das Jahr voll_brin_gen zu Lob dem Na_men dein, dass
wollst uns das Le_ben fri_sten durch dein all_mäch_tig Hand, er_

Cont.

Tromp.
u. Pauken

wir dem_sel_ben sin_gen in der Chri_sten Ge_mein;
halt' dein' lie_ben Chri_sten und un_ser Va_ter_land.

Dein'n Se_gen zu uns wen_de, gieb Fried' an al_lem En_de;

gieb un‿ver‿fälscht im Lan‿de dein se‿lig ma‿chend Wort,

die Heuchler mach' zu Schan‿de hier und an al‿lem Ort,

die Heuch‿ler mach' zu Schan‿de hier und an al‿lem Ort.

3 Str. (Str. 2 des Liedes: Jesu, nun sei gepreiset.)

Joh. Hermann, Senior 1591.

206. Jesus Christus, unser Heiland. (B. A. 39 N⁰ 110.)

Erfurter Enchiridion 1524.

Je‿sus Chri‿‿stus, un‿ser Hei‿land, der von uns den Got‿tes‿zorn‿‿

‿wand, durch das bittre Lei‿‿den sein, half er uns aus der Höl‿len‿pein.

(10 Str.)

M. Luther 1524.

207. **Jesus Christus, unser Heiland, der den Tod.** (B.A. 39 № 111.)

Jos. Klug G. B. 1535.

Je_sus Chri_stus un_ser Hei _ land, der

den Tod ü_ber_wand, ist auf_er_stan _ den, die

Sünd hat er ge_fan _ gen, Ky_rie e_le_i _ son.
(8 Str.)

M. Luther 1524.

208. **Jesus, meine Zuversicht.** (B. A. 39 № 112.)

Joh. Krüger, Prax. piet. 1653.

Je_sus mei_ne Zu_ver_sicht und mein Hei_land ist im Le _ ben:
Die_ses weiss ich, soll ich nicht da_rum mich zu_frie_den ge _ ben?

Was die lan_ge To_des_nacht mir auch für Ge _ dan_ken macht.
(10 Str.)

Luise Henriette, Kurfürstin von Brandenburg? 1653.

209. Jesus, meine Zuversicht.
(Cant. 145. So du mit deinem Munde bekennest Jesum. B. A. 30, 95.)

Joh. Krüger 1653.

Auf, mein Herz! Des Her-ren Tag hat die Nacht der Furcht ver-trie-ben.
Chri-stus, der im Gra-be lag, ist im To-de nicht ge-blie-ben.

Nun-mehr bin ich recht ge-tröst't, Je-su hat die Welt er-löst.
(9 Str.)

Caspar Neumann. Um 1700.

210. Ihr Gestirn', ihr hohlen Lüfte. (B. A. 39 № 113.)

Chr. Peter 1655.

Ihr Ge-stirn', ihr hoh-len Lüf-te, und du,
tie-fes Rund, ihr dunk-len Klüf-te, die der

lich-tes Fir-ma-ment: Jauch-zet fröh-lich,
Wie-der-hall zer-trennt.

lasst das Sin-gen jetzt bis durch die Wol-ken drin-gen,
(9 Str.)

Joh. Frank 1655.

211. In allen meinen Thaten. (B. A. 39 No. 114.)

Joh. Quirsfeld 1679.
Gottfried Vopelius G. B. 1682.

In al_len mei_nen Tha_ten lass' ich den Höch_sten ra_then, der

Al_les kann und hat; er muss zu al_len Din_gen, solls

an_ders wohl ge_lin_gen, selbst ge_ben Rath und That.

9 (Orig. 15) Str.

Paul Fleming 1633.

212. In dich hab' ich gehoffet, Herr.

(Cant. 52. Falsche Welt, dir trau ich nicht. B. A. 12 II, 50.)

Sethus Calvisius 1594

2 Hörner.

In dich hab ich ge_hof_fet, ge_hof_fet, Herr: hilf, dass ich nicht zu

Schan_den werd, noch e_wig_lich zu Spot_te. Das bitt ich dich:

Treu, Herr Got - te!

er - hal - te mich in dei - ner Treu, Herr Got - te!

(7 Str.)

Adam Reusner 1533.

213. In dich hab' ich gehoffet, Herr.

(Matthäus-Passion. B. A. 4, 151.)

Sethus Calvisius 1594.

Mir hat die Welt trüg - lich ge -

richt't mit Lü - gen und mit fal - schem G'dicht, viel Netz' und

heim - lich Stri - cken. Herr, nimm mein wahr in die - ser

G'fahr, b'hüt' mich vor fal - schen Tü - cken.

7 Str. (Str. 5 des Liedes: In dich hab' ich gehoffet, Herr.)

Adam Reusner 1533.

214. In dich hab' ich gehoffet, Herr.

(Weihnachts Oratorium. B. A. 5 II, 190.)

Sethus Calvisius 1594.

1. Nun lie - be Seel', nun ist es Zeit, wach'
5. Dein Glanz all' Fin - ster - niss ver - zehrt, die

auf, er - wäg' mit Lust und Freud', was Gott an uns ge - wen - det: Sein'n
trü - be Nacht in Licht ver - kehrt: Leit' uns auf dei - nen We - gen, dass

lie - ben Sohn vom Himmels Thron in's Jammer - thal er sen - det.
dein Ge - sicht und herrlich's Licht wir e - wig schau - en mö - gen.

5 Str. (Str. 1 u. 5. In der B. A. nur die 5. Str.)

Georg Weissel 1642.

215. In dulci jubilo. (B. A. 39. № 115.)

Jos. Klug G. B. 1533.

In dul - ci ju - bi - lo_____ sin - get und seid froh,_____

un - sers Her - zens Won - ne liegt in prae - se - pi - o_____

leuch_tet als die Son____ne ma_tris in pre_mi_o____

Al_pha es et O,____ Al_pha es et O,____ (4 Str.)

11. od. 15. Jahrhundert.

216. Ist Gott mein Schild und Helfersmann.

(Cant. 58. Ich bin ein guter Hirt. B. A. 20 I, 118.)

Hundert... Arien. Dresden 1694.

1. Ist Gott mein Schild und Helfersmann, was wird sein, dass mir scha_den kann? Weicht
4. Ist Gott mein Schutz und treuer Hirt, kein Unglück mich be_rüh_ren wird; weicht

Cont.

al _ le mei_ne Fein _ de, die ihr mir li_stig_lich nachsteht, nur eu_rer Schmach ent_
al _ le mei_ne Fein _ de, die ihr mir stiftet Angst und Pein, es wird zu eu _ rem

ge_gen geht; ich ha_be Gott zum Freun _ de, ich ha_be Gott zum Freun_de.
Schaden sein, ich ha_be Gott zum Freun _ de, ich ha_be Gott zum Freun_de.

7 Str. (Str. 1 u 4. In der B. A. nur die 4. Str.)

Chr. Homburg 1659.

217. **Keinen hat Gott verlassen.** (B. A. 39. Nº 116.)

Joh. Crüger 1640.

Kei _ nen hat Gott ver _ las _ sen, der ihn ver _ traut all _ zeit;
ob ihn schon drum viel has _ sen, so bringt's ihm doch kein Leid.

Gott will die Sei _ nen schü _ tzen, zu _ letzt er _ he _ ben hoch, und

ge _ ben, was ihn'n nü _ tzet, hier zeit _ lich und auch dort.
(8 Str.)

Erfurter G. B. 1611.

218. **Komm, Gott Schöpfer, heiliger Geist.** (B. A. 39. Nº 117.)

Jos. Klug G. B. 1535.

Komm, Gott Schö _ pfer, hei _ li _ ger Geist, be _ such' das Herz der Menschen dein, mit

Gna _ den sie füll' wie du weisst dass dein Ge _ schöpf soll für dir sein.
(7 Str.)

Martin Luther 1524.

219. Komm, Gott Schöpfer, heiliger Geist.

(Cant. Gott der Hoffnung erfülle euch. B. A. 41, 238. Echtheit fraglich.)

J. Klug G. B. 1535.

Hörner.

Komm, Gott Schö - pfer, hei - li - ger Geist, be - such das

Herz der Menschen dein,   mit Gna - den sie füll, wie du weisst,

dass dein Ge - schöpf vor - - hin sein._____

(7 Str.)

Martin Luther 1524.

220. Komm, heiliger Geist, Herre Gott.

(Cant. 59. Wer mich liebet. B. A. 12 II, 164.)
(Cant. 175. Er ruft seinen Schafen. B. A. 35, 177.)

Joh. Walther G. B. 1524.

der herr_lich leuch_tet nah' und fern. Drum will ich, die_____

zu dem Glau_ben ver_sam_melt hast das Volk aus al_____

_mich an_ders leh_ren, in E_wig_keit,_____ mein Gott, nicht hö_

_ler Welt Zun_gen; das sei dir, Herr._____ zu Lob' ge_sun_

ren. Al_le_lu_____ja, Al_le_lu_____ja.

12 Str. (Str. 9 des Liedes:
O Gottes Geist, mein Trost und Rath.) J. Rist 1651.

gen. Al_le_lu_____ja, Al_le_lu_____ja.

(3 Str.) Martin Luther 1524.

221. Komm, heiliger Geist, Herre Gott.

(Motette. Der Geist hilft unsrer Schwachheit auf. B. A. 39, 57.)

Joh. Walther G. B. 1524.

Du hei_li_ge Brunst, sü_sser Trost, nun hilf uns fröh_lich und getrost in deinem Dienst be_ständig blei_ben, die Trübsal uns nicht ab_trei_ben! O Herr, durch dein Kraft uns bereit', und stärk des Fleisches Blö_digkeit, dass wir hie rit_ter_lich rin_gen, durch Tod und Le_ben zu dir drin_gen! Al_le_lu_ja, Al_le_lu_ja!

3 Str. (Str. 3 des Liedes: Komm heiliger Geist, Herre Gott.)

Martin Luther 1524.

222. Komm, Jesu komm. (Motette. Komm, Jesu komm. B. A. 39, 125.)

J. S. Bach.

Wagner's G. B. Leipzig 1697. B. VIII p.326
mit den Bemerkungen: Johann. 14 v. 6. In eigner Melodey.

223. Kommt her zu mir, spricht Gottes Sohn.

(Cant. 74. Wer mich liebet, der wird mein Wort halten. B. A. 18, 146.)   Einzeldruck 1530.

1. Gott Va — ter, sen — de dei — nen Geist, den uns dein Sohn er —
2. Kein Men — schen — kind hier auf der Erd' ist die — ser ed — len

bit — ten heisst, aus dei — nes Him — mels Hö — — hen. Wir
Ga — be werth, bei uns ist kein Ver — — die — — nen; hier

bit — ten wie er uns ge — lehrt. Lass uns doch ja nicht
gilt gar nichts als Lieb' und Gnad, die Chri — stus uns ver —

un — er — hört von dei — nem Thro — ne ge — — — — hen.
die — net hat mit Bü — ssen und Ver — süh — — — nen.

16 Str. (Str. 1 u. 2 In der B. A. nur die 2. Str.)

Paul Gerhardt 1656.

224. Kommt her zu mir, spricht Gottes Sohn.
(Cant. 108. Es ist euch gut, dass ich hingehe. B. A. 23, 230.)

Einzeldruck 1530.

Dein Geist, den Gott vom Himmel giebt, der lei _ tet Al _ les,

Cont.

was ihn liebt, auf wohl ge _ bahn _ _ _ ten We _ _ _

gen. Er setzt und rich _ tet un _ sern Fuss, dass er nicht

an _ ders tre _ ten muss, als wo man findt _____ den Se _ gen.

16 Str. (Str. 10 des Liedes: Gott Vater sende deinen Geist.)

Paul Gerhardt 1656.

225. Kyrie, Gott Vater in Ewigkeit. (B. A. 39, № 118.)

Dresden 1625.

Ky — — ri — e! Gott Va — ter in E — wig — keit! Gross ist

dein Barm_her_zig — keit, al_ler Ding ein Schöpfer und Re gie —

rer! E — — le — i — son! Chri — — —

— ste al — ler Welt Trost! uns Sün_der al —

lein du hast er — löst; Je — — su Got_tes Sohn! Un ser

Mitt - ler bist in dem höchsten Thron, zu dir schreien wir aus

Her - zens - be - gier! E - le - i - son.

Ky - ri - e! Gott hei - li - ger Geist! Tröst', stärk' uns im Glau - ben

al - ler meist, dass wir am letz - ten End' fröh - lich ab - schei - den aus

die - sem E - lend! E - le - i - son!

Wittenberg um 1541.

226. Lass, o Herr, dein Ohr sich neigen. (B. A. 39, Nº 119.) Lyon, Bourgeoys 1547.

Lass, o Herr, dein Ohr sich nei - - gen,
dir mein Wort zu Her - zen stei - - gen,

und stoss' mich nicht von dir hin, weil ich arm und e - lend bin hü - te

mei - ne Seel' und Le - - ben, die ich hei - lig dir er - ge -

ben: reiss' mich, dei - nen Knecht, aus Noth, der auf dich nur hofft, o Gott! (8 Str.)

Martin Opitz 1637.

227. Liebster Gott, wann werd' ich sterben.

(Cant. 8. Liebster Gott, wann werd' ich sterben. B. A. 1, 241.) Daniel Vetter vor 1695.

Herrscher ü - ber Tod und Le - - ben, mach' ein -
leh - re mich den Geist auf - ge - - ben mit recht

Cont.

mal mein En _ _ _ _ de gut,
wohl ge fass _ _ _ tem
Muth.
Hilf, dass ich ein

ehr _ lich Grab
neben frommen
Christen hab', und auch
end _ lich in der

Er _ _ de
nimmermehr zu Schan _ _ den wer _ _ de.
5 Str. (Str. 5 des Liedes: Liebster Gott, wann werd' ich sterben.)

Caspar Neumann um 1690.

228. Liebster Jesu, wir sind hier. (B. A. 39, No 120.)

Darmstadt G. B. 1687.

Liebster Je _ su, wir sind hier, dich und dein Wort an _ zu _ hö _ ren;
len _ ke Sin _ nen und Be _ gier auf die sü _ ssen Himmels _ leh _ ren,

dass die Her _ zen von der Er _ den ganz zu dir ge _ zo _ gen wer _ _ den.
(3 Str.)

Tob. Clausnitzer 1663.

229. Liebster Immanuel, Herzog der Frommen.

(Cant. 123. Liebster Immanuel. B. A. 26, 60.)

A. Fritzsch 1679

1. Lieb_ster Im_ma_nu_el, Her_zog der From_men, du mei_ner
Du hast mir, höch_ster Schatz! mein Herz ge_nom_men, so ganz vor
6. Drum fahrt nur im_mer hin, ihr Ei_tel_kei_ten! Du, Je_su,
ich will mich von der Welt zu dir be_rei_ten; du sollt in

See_len Trost, komm, komm nur bald! Nichts kann auf Er_den
Lie_be brennt und nach dir wallt. Mein gan_zes Le_ben
du bist mein und ich bin dein;
mei_nem Herz und Mun_de sein.

mir lie_ber wer_den, wenn ich, o Je_su, dich nur stets be_halt.
sei dir er_ge_ben, bis man mich ein_sten legt ins Grab hin_ein.

6 Str. (Str. 1 u. 6. In der B. A. nur die 2 Str.)

A. Fritzsch 1679.

230. Lobe den Herren, den mächtigen König der Ehren.

(Cant. 137. Lobe den Herren, den mächtigen König. B. A. 28, 196 u.
unvollst. Trauungscant. Herr Gott, Beherscher. B. A. 41, 174.)

Stralsund G. B. 1665.

Trompeten.

Pauken.

1. Lo_be den Her_ren, den mäch_ti_gen Kö_nig der Eh_ren,
mei_ne ge_lie_be_te See_le, das ist mein Be_geh_ren.
4. Lo_be den Her_ren, der dei_nen Stand sichtbar ge_seg_net;
der aus dem Him_mel mit Strömen der Lie_be ge_reg_net:
5. Lo_be den Her_ren, was in mir ist, lo_be den Na_men!
Al_les, was O_dem hat, lo_be mit A_brahams Sa_men!

Kommt her zu hauf, Psal-ter! und Har-fe wach'
den-ke da- -ran, was der All- mäch-ti- -ge
Er ist dein Licht; See- -le, ver- -giss es ja

auf. Las- -set die Mu- -si- -cam hö- -ren.
kann, der dir mit Lie- -be be- -geg- -net!
nicht, Lo- -ben- -de, schlie- -sse mit A- -men!
5 Str. (Str. 1, 4 u. 5. In der B. A. nur die 4 u. 5 Str.)

Joachim Neander 1679.

231. Lobe den Herren, den mächtigen König der Ehren.
(Cant. 57. Seelig ist der Mann. B. A. 12. II, 132.)

Stralsund G. B. 1665.

Die Seele. 1. Hast du denn, Je- -su, dein An- -ge- sicht gänz-lich ver- -bor- -gen,
dass ich die Stun-de der Näch-te muss war- -ten bis mor- -gen?
Christus. 6. Rich-te dich, Lieb-ste, nach mei-nem Ge- fal- len und gläu- -be,
dass ich dein See- -lenfreund im- -mer und e- -wig ver- -blei- -be,

Wie hast du doch, Süs-sester, mö-gen an- -noch bringen die trau-ri-gen Sor- -gen?
der dich er -götzt, und in den Himmel ver- -setzt aus dem ge- -mar-ter-ten Lei- -be.
12 Str. (Str. 1 u. 6. In der B. A. nur die 6 Str.)

Saubert G. B. Nürnberg 1676.

232. Lobet den Herren, denn er ist sehr freundlich. (B.A.39, № 121.)

A. Scandellus 1568.

Lo - bet den Her - ren, lo - bet den Her - ren, denn er
ist sehr freund - lich, es ist sehr köst - lich, un - sern Gott zu
lo - ben, un - sern Gott zu lo - ben, sein Lob ist
schön und lieb - lich an - zu - hö - ren. Lo -
bet den Her - ren, lo - bet den Her - ren!

(7 Str.)

1579

Him_mel stets ver_meldt, im Him_mel stets ver_meldt.

(9 Str.)

P. Gerhardt 1648.

237. Mach's mit mir, Gott, nach deiner Güt'. (B.A.39, № 124.)   J. H. Schein 1628.

Mach's mit mir, Gott, nach deiner Güt', hilf mir in meinem Lei_den,
was ich dich bitt', ver_sag' mir nicht, wenn mei_ne Seel' will schei_den:

so nimm sie, Herr, in dei_ne Händ', ist Al_les gut, wenn gut das End'.

(5 Str.)

238. Mach's mit mir, Gott, nach deiner Güt'.   J. H. Schein 1628.

(Cant. 139. Wohl dem, der sich auf seinen Gott. B.A. 28, 248.)   J. H. Schein 1628.

1. Wohl dem, der sich auf sei_nen Gott recht kindlich kann ver_las_sen!
   Den mag gleich Sün_de, Welt und Tod und al_le Teu_fel has_sen,
5. Da_he_ro Trotz der Höl_len Heer! Trotz auch des To_des Ra_chen!
   Trotz al_ler Welt! mich kann nicht mehr ihr Po_chen trau_rig ma_chen.

so bleibt er den_noch wohl ver gnügt, wenn er nur Gott zum Freun_de kriegt.
Gott ist mein Schutz, mein' Hülf' und Rath: wohl dem, der Gott zum Freun_de hat!

5 Str. (Str. 1 u. 5.)

Joh. Chritoph Ruben 1692.

239. Mach's mit mir, Gott, nach deiner Güt'.
(Johannes-Passion B. A. 12 I, 74.)

J. H. Schein 1628.

Durch dein Gefängniss, Got-tes Sohn, ist uns die Frei-heit kom-men,
Dein Ker-ker ist der Gna-den thron, die Frei-statt al-ler From-men;

denn gingst du nicht die Knechtschaft ein, müsst' un-sre Knechtschaft e-wig sein.

240. Mein' Augen schliess' ich jetzt. (B. A. 39, No 125.)

Apelles von Löwenstern 1644.

Mein' Au-gen schliess' ich jetzt in Got-tes Na-men zu, die-

weil der mü-de Leib be-geh-ret sei-ne Ruh', weiss

a-ber nicht, ob ich den Mor-gen möcht' er-le-ben; es

könn-te mich der Tod viel-leicht noch heut' um-ge-ben. (6 Str.)

Apelles von Löwenstern 1644.

241. Meinen Jesum lass' ich nicht, Jesus. (B. A. 39, No 126.)

Lüneburger G. B. 1686.

Mei_nen Je_sum lass' ich nicht, Je_sus wird mich auch nicht las _ sen.
Je_su hab' ich mich verpflicht't, ich will ihn in's Her_ze fas _ sen.

Weiss ge_wiss und glau_be fest, dass mich Je_sus auch nicht lässt.

Breslau um 1690.

242. Meinen Jesum lass' ich nicht. (B. A. 39, No 127.)

Andr. Hammerschmidt 1658.

Mei_nen Je_sum lass' ich nicht, weil er sich für mich ge_ge _

ben: so er_for_dert mei_ne Pflicht, klet_ten_weis an ihm zu kle_ben

Er ist mei_nes Le_bens Licht, mei_nen Je_sum lass' ich nicht.

(6 Str.)

Christian Keymann 1658.

243. Meinen Jesum lass' ich nicht.

(Cant. 70. Wachet betet seid bereit. B. A. 16, 368.)

A. Hammerschmidt. 1658.

Nicht nach Welt, nach Himmel nicht mei ne See le wünscht und seh net, Je sum wünsch' ich und sein Licht, der mich hat mit Gott ver söh net, der mich frei macht vom Ge richt, mei nen Je sum lass' ich nicht.

6 Str. (Str. 5 des Liedes: Meinen Jesum lass'ich nicht.)

Christian Keymann. 1658.

246. Meinen Jesum lass' ich nicht.

(Cant. 124. Meinen Jesum lass'ich nicht. B. A. 26, 82.)

A. Hammerschmidt. 1658.

Je _ sum lass' ich nicht von mir, geh' ihm e _ wig an der Sei _ _ ten; Chri _ stus lässt mich für und für zu dem Le _ bens _ bäch _ lein lei _ _ _ten.

Se _ lig, wer mit mir so spricht: mei _ nen Je _ sum lass' ich nicht.

6 Str. (Str. 6 des Liedes: Meinen Jesum lass'ich nicht.)

Christian Keymann. 1658.

247. Meinen Jesum lass' ich nicht.

(Schlusschoral der Matthäus-Passion in deren ursprünglicher Gestalt. B. A. 41, 201.)

A. Hammerschmidt. 1658.

Je _ sum lass' ich nicht von mir, geh' ihm ewig an der Sei _

ten; Christus lässt mich für und für zu dem Le_bensbächlein lei_____ten.

Cont.

Se_lig, wer mit mir so spricht: Mei_nen Je_sum lass' ich nicht.

6 Str. (Str. 6 des Liedes: Meinen Jesum lass'ich nicht.)

Christian Keymann. 1658.

Meine Seele erhebt den Herren siehe N? 121.

248. Meines Lebens letzte Zeit. (B.A. 39, N? 128.) Psalmodia sacra. Gotha 1726.

Meines Le_bens letz_te Zeit ist nun-meh_ro an_ge_kommen, da der schnöden

Ei_tel_keit mei_ne See_le wird ent_nommen; wer kann wi_der_stre_ben, dass uns

MenschenGott das Le_ben auf ein zeit_lich' Wie_der_neh_men hat ge_ge_ben.

(7 Str.)

249. Mit Fried' und Freud' ich fahr' dahin.
(B. A. 39, N.° 129.)

J. Walter. G. B. 1524.

Mit Fried' und Freud' ich fahr' da-hin in Got-tes Wil-le, ge-

trost ist mir mein Herz und Sinn, sanft und stil-le. Wie Gott

Schlaf wor-den.

mir ver-hei-ssen hat, der Tod ist mein Schlaf wor-den.
(4 Str.)

mein Schlaf wor-den.

M. Luther. 1524.

250. Mit Fried' und Freud' ich fahr' dahin.
(Cant. 83. Erfreute Zeit im neuen Bunde. B. A. 20. I, 76.)

J. Walter. G. B. 1524.

Er ist das Heil und se-lig' Licht für die Hei-den, zu er-

251. Mit Fried' und Freud' ich fahr' dahin.
(Cant. 125. Mit Fried' und Freud'. B. A. 26, 110.)

252. Mitten wir im Leben sind. (B. A. 39, N⁰ 130.)

J. Walter. G. B. 1524.

Mit-ten wir im Le - ben sind___ mit dem Tod um-fan - - gen;
wen such'n wir, der Hül - fe thu',___ dass wir Gnad' er-lan - - gen?

Das bist du, Herr, al - lei - - ne. Uns reu - et uns' - re

Mis - se - that,___ die dich, Herr, er - zür - net hat. Hei -

li - ger Her - re Gott, hei - li - ger, star - ker Gott, hei - li - ger, barm - herz'ger

Hei - - land, du e - wi - ger Gott, lass uns nicht ver - sin - -

ken in der bit - tern To - des - noth. Ky - rie e - lei - son!

(3 Str.)

M. Luther. 1524.

253. Nicht so traurig, nicht so sehr. (B. A. 39, № 131.)

Joh. Sebastian Bach.

Nicht so | trau_rig, nicht so | sehr, mei_ne | See_le, sei be_ | trübt,
dass dir | Gott Glück, Gut und | Ehr' nicht so | viel, wie An_dern | gibt;

nimm für _ lieb mit dei_nem Gott; hast du Gott, so hat's nicht Noth.
(15 Str.)

P. Gerhardt. 1649.

254. Nun bitten wir den heiligen Geist. (B. A. 39, № 132.)

Joh. Walther. G. B. 1524.

Nun bit _ ten wir den hei _ li _ gen Geist um _ _ den rechten

Glau_ben al _ ler_meist, dass er uns be_hü_te an un_serm En _ _

de, wenn wir heimfahr'n aus die _ sem E _ len _ _ de. Ky_ri_ e e_leis'.
(4 Str.)

M. Luther. 1524.

255. Nun bitten wir den heiligen Geist.

(Trauungscant. Gott ist unsre Zuversicht. B. A. 13. I, 128.)

Joh. Walther. G. B. 1524.

M. Luther. 1524.

256. Nun bitten wir den heiligen Geist.

(Cant. 169. Gott soll allein mein Herze haben. B. A. 33, 192.)

Joh. Walther. G. B. 1524.

Frie-den auf ei-nem Sinn

zen ein-an-der lie-ben und in Frie-den auf ei-

Frieden auf ei-

blei-ben. Ky-rie e-lei-son.

nem Sinn blei-ben. Ky-ri-e e-lei-son.

4 Str. (Str. 3 des Liedes: Nun bitten wir den heiligen Geist.)

nem Sinn blei-ben. Ky-rie e-lei-son.

M. Luther. 1524.

257. Nun danket alle Gott. (B. A. 39, №133.)

Joh. Crüger. 1648.

Nun dan-ket al-le Gott mit Herzen, Mund und Hän-den,
der gro-sse Din-ge thut an uns und al-len En-den;

der uns von Mut-ter-leib und Kin-des-bei-nen an un-

zäh-lig viel zu gut und noch jetz-und ge-than.

(3 Str.)

Martin Rinckart. 1648.

und Kin _ des _ bei _ nen an

un _ zäh _ lig viel zu gut,

und noch jetz _ und ge _ than. (3 Str.)

Mart. Rinckart 1648

260. Nun freut euch, Gottes Kinder all. (B. A. 39. № 134.)

Einzeldruck, 1546.

Nun freut euch, Gottes Kin_der all, der Herr fährt auf mit grossem Schall, lob_

sin_get ihm, lob_sin_get ihm, lob_sin_get ihm mit hel_ler Stimm'!

(16 Str., ursprüngl. 29.)

Erasmus Alberus 1549.

261. Nun freut euch, lieben Christen g'mein. (B. A. 39. № 135.)

Wittenberg 1524.

Nun freut euch, lie_ben Christen g'mein, und lasst uns fröhlich springen,
dass wir ge_trost und all in Ein mit Lust und Lie_be sin_gen:

was Gott an uns ge_wen_det hat, und sei_ne sü_sse

Wun_der_that; gar theur' hat er's er_wor_ben.

(10 Str.)

M. Luther 1523

262. Nun freut euch, lieben Christen g'mein. (B. A. 39. No 54.) Jos. Klug G. B. 1535
Cassel G. B. 1601.

Es ist ge_wisslich an der Zeit, dass Got_tes Sohn wird kom_men
in sei_ner gro_ssen Herrlichkeit, zu rich_ten Bös' und From_men.

Dann wird das La_chen wer_den theu'r, wann Al_les soll ver_

gehn im Feu'r, wie Pe_trus da_von zeu_get.
(7 Str.)

Barth. Ringwald 1582.

263. Nun freut euch, lieben Christen g'mein.
(Weihnachts-Oratorium. B. A. 5 II, 245.)
Jos. Klug G. B. 1535.
Cassel G. B. 1601.

Ich steh' an dei_ner Krippen hier, o Je_su_lein, mein Le_ben,
ich komme, bring' und schenke dir, was du mir hast ge_ge_ben.

Cont.

Nimm hin, es ist mein Geist und Sinn, Herz, Seel' und Muth, nimm

P. Gerhardt 1656.

264. Nun komm, der Heiden Heiland.
(Cant. 36. Schwingt freudig euch empor. B. A. 7, 258.)

Erfurt, 1524.

1. Nun komm, der Hei_den Hei_land, der Jung_frau_en Kinder_kannt,
8. Lob sei Gott, dem Va_ter, g'than; Lob sei Gott, sein'm ein'_gen Sohn,

des sich wun_dert al_le Welt, Gott solch' Ge_burt ihm be_stellt.
Lob sei Gott, dem heil'_gen Geist, im_mer und in E_wig_keit.

8 Str. (Str. 1 u. 8 des Liedes: Nun komm, der Heiden Heiland. In der B. A. nur die 8. Str.)

M. Luther 1524.

265. Nun komm, der Heiden Heiland.
(Cant. 62. Nun komm, der Heiden Heiland. B. A. 16, 50.)

Erfurt, 1524.

Lob sei Gott, dem Va_ter, g'than, Lob sei Gott, sein'm ein'_gen Sohn,

Cont.

Lob sei Gott, dem heil'_gen Geist, im_mer und in E_wig_keit.

8 Str. (Str. 8 des Liedes: Nun komm, der Heiden Heiland.)

M. Luther 1524.

266. Nun lasst uns Gott, dem Herren.

(Cant. 165. O heil'ges Geist-und Wasserbad. B. A. 33, 104.)

Nic. Selneccer 1587.

1. Nun lasst uns Gott, dem Her _ ren, Dank sa _ gen und ihn eh _ ren, von
5. Sein Wort, sein' Tau _ fe, sein Nachtmahl dient wi _ der al _ len Un _ fall. Der

we _ gen sei _ ner Ga _ ben, die wir em _ pfan _ gen ha _ ben.
hei _ lig' Geist im Glau _ ben lehrt uns da _ rauf ver _ trau _ en.

8 Str. (Str. 1 u. 5 des Liedes: Nun lasst uns Gott, dem Herren. In der B. A. nur die 5. Str.)

Ludw. Helmbold 1575.

267. Nun lasst uns Gott, dem Herren.

(Cant. 79. Gott, der Herr, ist Sonn' und Schild. B. A. 18, 316.)

Nic. Selneccer 1587.

Hörner.

Pauken.

Er _ halt uns in der Wahr _ heit, gieb e _ wig _ li _ che Frei _

heit, zu prei _ sen dei _ nen Na _ men durch Je _ sum Christum. A _ men.

8 Str. (Str. 8 des Liedes: Nun lasst uns Gott, dem Herren.)

Ludw. Helmbold 1575.

268. Nun lasst uns Gott, dem Herren.
(Cant. Höchsterwünschtes Freudenfest. B. A. 29. 138.)

Nic. Selneccer. 1587.

1. Wach auf, mein Herz, und sin - ge dem Schöpfer al - ler Din - ge, dem
9. Sprich Ja zu mei - nen Tha - ten, hilf selbst das Be - ste ra - ten; den
10. Mit Se - gen mich be - schüt - te, mein Herz sei dei - ne Hüt - te, dein

Men - schen Hü - ter.

Ge - ber al - ler Gü - ter, dem frommen Men - schen Hü - - ter.
An - fang, Mitt'l und En - de, ach Herr, zum Be - sten wen - - de.
Wort sei mei - ne Spei - se, bis ich gen Him - mel rei - - se.

10 Str. (Str. 1, 9 u. 10 des Liedes: Wach auf, mein Herz und singe. In der B. A. nur die 9. u. 10. Str.)

P. Gerhardt 1648.

269. Nun lob', mein' Seel', den Herren. (B. A. 39. No 136.)

Joh. Kugelmann 1540.

Nun lob', mein' Seel', den Her - ren, was in mir ist, den Na - men sein,
sein' Wohl - that thut er meh - ren, ver - giss es nicht, o Her - ze mein,

hat dir dein' Sünd' ver - ge - ben und heilt dein' Schwachheit gross, er - rett' dein armes Le -

ben, nimmt dich in sei - nen Schooss, mit reichem Trost be - schüt - tet, ver - jüngt dem Ad - ler

gleich, der Kön'g schafft recht, be - hü - tet, die leid'n in sei - nem Reich.
(4. Str.)

Joh. Gramann (Poliander) 1540.

270. Nun lob', mein' Seel', den Herren. (B. A. 39 № 137.)   Joh. Kugelmann 1540.

Nun lob', mein' Seel', den Her - ren, was in mir ist, den Na - men sein,
sein' Wohlthat thut er meh - ren, ver - giss es nicht, o Herze mein,

hat dir dein' Sünd' ver - ge - ben und heilt dein' Schwachheit

gross, er - rett' dein ar - me Le - ben, nimmt dich in sei - nen

Schooss, mit rei - chem Trost be - schüt - tet, ver - jüngt dem Ad - ler

gleich, der Kön'g schafft recht, be - hü - tet, die leid'n in sei - nem Reich.

(4 Str.)

Joh. Gramann (Poliander) 1540.

271. Nun lob', mein' Seel', den Herren.

(Cant. 17. Wer Dank opfert, der preiset mich. B. A. 2, 225.)

Joh. Kugelmann 1540.

Wie sich ein Vat'r er _ bar _ met üb'r sei _ ne jun _ ge Kindlein klein:
So thut der Herr uns Ar _ men, so wir ihn kind_lich fürchten rein.

Er kennt das arm' Ge _ mäch _ te, er weiss, wir sind nur

Staub. Gleich wie das Gras vom Re _ che, ein' Blum' und fal _ lend

Laub der Wind nur drü _ ber we _ het, so ist es nimmer da: al _

so der Mensch ver _ ge _ het, sein End', das ist_____ ihm nah.

4 Str. (Str. 3 des Liedes: Nun lob', mein' Seel', den Herren.)

Joh. Gramann (Poliander) 1540.

272. Nun lob', mein' Seel', den Herren
(Cant. 29. Wir danken dir, Gott, wir danken dir. B. A. 5 I, 316)

Joh. Kugelmann 1510

wer den's er lan gen,

wer den's er lan gen, glaub'n wir aus Her zens Grund.
(glau ben)

Als 5. Str. dem Liede: Nun lob', mein' Seel', den Herren, im
Nürnberger G. B. 1601 angefügt. Schon Mitte des 16 Jahrh. bekannt.

273. Nun preiset alle Gottes Barmherzigkeit. (B. A. 39 № 138.)

M. Apelles v. Löwenstern 1611.

Nun prei_set al le Got_tes Barm_her_zig_keit, lob' ihn mit

Schal_le, du wer_the Chri _sten_heit! Er lässt dich freund _lich

zu sich la _den. freu_e dich, I _sra_el, sei_ner Gna_de.n.
(5 Str.)

M. A. v. Löwenstern 1644.

274. Nun sich der Tag geendet hat. (B. A. 39 № 143.)

Adam Krieger 1667.
Darmstadt G. B. 1698.

Nun sich der Tag ge _ en _ det hat, und kei _ ne Sonn' mehr scheint, schläft

Al _ les, was sich ab _ ge _ matt', und was zu _ vor ge _ weint.
(10 Str.)

Joh. Friedr. Herzog 1670.

275. O Ewigkeit, du Donnerwort. (B. A. 39 № 144.)

Joh. Schop 1642.

1. O_____ E _ wig _ keit, du Don _ ner _ wort! O_____
O_____ E _ wig _ keit, Zeit oh _ ne Zeit! Ich_____
16. O_____ E _ wig _ keit, du Don _ ner _ wort! O_____
O_____ E _ wig _ keit, Zeit oh _ ne Zeit! Ich_____

Schwert, das durch die See _ le bohrt! O An _ fang son _ der En _ de!
weiss vor gro _ sser Trau _ rig _ keit nicht, wo ich mich hin _ wen _ de.
Schwert, das durch die See _ le bohrt! O An fang son _ der En _ de!
weiss vor gro _ sser Trau _ rig _ keit nicht, wo ich mich hin _ wen _ de.

Mein ganz er schrocknes Herz er _ bebt, dass mir die Zung' am Gaumen klebt.
Nimm du mich, wenn es dir ge _ fällt, Herr Je su, in dein Freuden _ zelt.

16 Str. (Str. 1 u. 16 des Liedes: O Ewigkeit, du Donnerwort. In der B. A. nur die 16. Str.)

Joh. Rist 1644.

276. O Ewigkeit, du Donnerwort.

(Cant. 20. O Ewigkeit, du Donnerwort. B. A. 2, 317 u. 327.)

Joh. Schop 1642.

11. So lang ein Gott im Him _ mel lebt, und ü _ ber al _ le
Es wird sie pla _ gen Kält' und Hitz', Angst, Hun _ ger, Schre _ cken,
16. O E _ wig _ keit, du Don _ ner _ wort! O Schwert das durch die
O E _ wig _ keit, Zeit oh _ ne Zeit! Ich weiss vor gro _ sser

Wol _ ken schwebt, wird sol _ che Mar _ ter wäh _ ren:
Feu'r und Blitz und sie doch nie ver _ zeh _ ren.
See _ le bohrt! O An _ fang son _ der En _ de!
Trau _ rig _ keit nicht, wo ich mich hin _ wen _ de.

Denn wird sich en _ den die _ se Pein, wenn Gott nicht mehr wird e _ wig sein.
Nimm du mich, wenn es dir ge _ fällt, Herr Je _ su, in dein Freu _ den _ zelt!

16 Str. (Str. 11 u. 16 des Liedes: O Ewigkeit, du Donnerwort.)

Joh. Rist 1644.

277. O Gott, du frommer Gott. (B A. 39 N<u>o</u> 145.)

(Unvollst. Cant. Ehre sei Gott in der Höhe B. A. 41. 114.)

A. Fritzsch 1679.
Darmstadt G. B. 1698.

8 Str. Joh. Heermann 1630.

4 Str. (Str. 1 u. 4 des Liedes: Ich freue mich in dir. In der B. A. (41,114) nur die 2. Str.)

Caspar Ziegler 1648

278. O Gott, du frommer Gott.

(Cant. 45. Es ist dir gesagt, Mensch, was gut ist. B. A. 10, 186.)

A. Fritzsch 1679.
Darmstadt G. B. 1698.

Gieb, dass ich thu' mit Fleiss, was mir zu thun ge-

Cont.

büh - ret, wo - zu mich dein Be - fehl in mei - nem Stan - de

füh - ret. Gieb, dass ich's thu - e bald, zu der Zeit, da ich

soll; und wenn ich's thu, so gieb, dass es ge - ra - the wohl..

8 Str. (Str. 2 des Liedes: O Gott, du frommer Gott.)

Joh. Heermann 1630.

279. O Gott, du frommer Gott.

(Cant. 128. Auf Christi Himmelfahrt allein. B. A. 26, 184.)

A. Fritzsch 1679.
Darmstadt G. B. 1698.

1. O Je_su, mei_ne Lust, o Le_ben mei_ner See_len,wenn
4. Alsdann so wirst du mich zu dei_ner Rech_ten stel_len, und

rufst du mich her_vor aus die_ser Trau_er höh_len? Wenn
mir, als dei_nem Kind, ein gnä_dig Ur_theil fäl_len, mich

werd' ich einst be_freit, dich, lieb_ster Je_su, sehn, und
brin_gen zu der Lust, wo dei_ne Herr_lich_keit ich

zu dir in dein Reich mit vol_lem Sprin_gen gehn?
wer_de schau_en an in al_le E_wig_keit.

6 Str. (Str. 1 u. 4 des Liedes: O Jesu meine Lust. In der B. A. nur die 4. Str.)

Matthäus Habermann, 1673.

280. O Gott, du frommer Gott.

(Cant. 64. Sehet, welch' eine Liebe. B. A. 16, 120.)

A. Fritzsch 1679.
Darmstadt G. B. 1698.

Georg Michael Pfefferkorn 1667.

ge - sun - den Leib gib mir, und dass in sol - chem

Leib ein' un - ver - letz - te Seel' und rein Ge - wis - sen bleib.
(8 Str.)

Joh. Heermann 1630.

283. O Herre Gott, dein göttlich Wort.
(Cant. 184. Erwünschtes Freudenlicht. B. A. 37, 95.)

Erfurt 1527.
Jos. Klug G. B. 1535.

O Her - re Gott, dein göttlich Wort ist lang ver - dunkelt blie - ben,
bis durch dein Gnad' uns ist ge - sagt, was Pau - lus hat ge - schrie - ben,
Herr, ich hoff' je, du werdest die in kei - ner Noth ver - las - sen,
die dein Wort recht als treu - e Knecht' im Herz'n und Glauben fas - sen;

Cont.

und an - de - re A - po - stel mehr, aus dein'm gött - li - chen Mun - de: Dass
giebst ihn'n be - reit die Se - lig - keit und läss'st sie nicht ver - der - ben. O

dank'n wir dir mit Fleiss, dass wir er - le - bet hab'n die Stun - de.
Herr, durch dich bitt' ich, lass mich fröh - lich und se - lig ster - ben.
8 Str. (In der B. A. nur die 8. Str.)

Erfurt G. B. 1527.

284. O Herzensangst, o Bangigkeit und Zagen.
(B. A. 39. № 147.)

Wahrscheinlich von J.S. Bach.

O Her_zens_angst, o Ban_gig_keit und Za_gen! Was seh' ich
Bangig_keit

hier für ei_ne Lei_che tra_gen! Wess ist das Grab, wie

ist der Fels zu nen_nen? Ich soll ihn ken_nen.
(9 Str.)

Fr. D. Gerh. Müller von Königsberg.

285. O Lamm Gottes, unschuldig. (B. A. 39. № 148.)

Nic. Decius 1531.
Joh. Spangenberg. G. B. 1545.

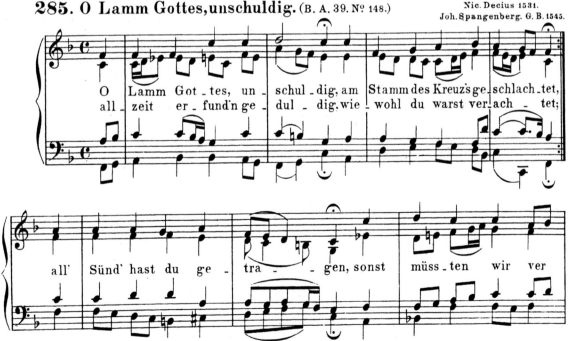

O Lamm Got_tes, un_schul_dig, am Stamm des Kreuz's ge_schlach_tet,
all_zeit er_fund'n ge_dul_dig, wie_wohl du warst ver_lach_tet;

all' Sünd' hast du ge_tra_gen, sonst müss_ten wir ver

za_gen. Er_barm' dich un_ser, o_____ Je_su! (3 Str.)

Nic. Decius 1531.

286. O Mensch, bewein'dein Sünde gross. (B. A. 39. N⁰ 149.) Strassburg, Psalmen 1526.

O Mensch, be_wein'dein' Sün_de gross, da_rum Christus sein's Va_ters Schooss äu_
Von ei_ner Jungfrau zart und rein für uns er hier ge_bo_ren ward, er

ssert und kam auf Er_den. Den Tod_ten er das Le_ben gab, und
wollt' der Mitt_ler wer_den.

legt'da_bei all' Krankheit ab, bis sich die Zeit her_dran_ge, dass er für uns ge_

op_fert würd,trüg' unsrer Sün_den schwere Bürd'wohl an dem Kreuze lan_ge.
(23 Str.)

Sebald Heyden 1525.

287. O Mensch, schau Jesum Christum an. (B. A. 39. № 150.)

P. Titus 1603

J. Specht.

288. O Traurigkeit, o Herzeleid. (B. A. 39. № 151.)

Joh. Rist 1641

Joh. Rist 1641.

289. O Welt, ich muss dich lassen.
(B. A. 39. No 140.)

Georg Forsters Liedersammlung 1539.
Die Melodie wird Heinrich Isaak
(um 1490) zugeschrieben.

O Welt, sieh' hier dein Le _ ben am Stamm des Kreuzes schwe _ ben, dein

Heil sinkt in den Tod, der gro _ sse Fürst der Eh _ ren lässt

wil _ lig sich be _ schwe _ ren mit Schlä _ gen, Hohn und gro _ ssem Spott.
(16 Str.)

P. Gerhardt 1648.

290. O Welt, ich muss dich lassen. (B. A. 39. No 141.)

G. Forsters Liedersammlung 1539.

O Welt, sieh' hier dein Le _ ben am Stamm des Kreuzes schweben, dein

Heil sinkt in den Tod! Der gro _ sse Fürst der Eh _ ren lässt

wil _ lig sich be _ schwe _ ren mit Schlägen, Hohn und gro _ ssem Spott.
(16 Str.)

P. Gerhardt 1648.

291. O Welt, ich muss dich lassen. (B. A. 39. № 142.) G. Forsters Liedersammlung 1539.

O Welt, sieh hier dein Le _ ben am Stamm des Kreuzes schwe _ ben, dein

Heil sinkt in den Tod! Der gro _ sse Fürst der Eh _ ren lässt

wil _ lig sich be _ schwe _ ren mit Schlä _ gen, Hohn und gro _ ssem Spott.
Hohn   und Spott.
(16 Str.)

P. Gerhardt 1648.

292. O Welt, ich muss dich lassen. (Matthäus-Passion. B. A. 4, 164.) G. Forster 1549.

Wer hat dich so ge _ schla_gen, mein Heil, und dich mit Pla _ gen so

ü _ bel zu _ ge _ richt? Du bist ja nicht ein Sün _ der, wie

wir und un_sre   Kin _ der; von   Mis_se _ tha_ten   weisst du nicht.

16 Str. (Str. 3 des Liedes: O Welt, sieh' hier dein Leben.)

P. Gerhardt 1648.

293. O Welt, ich muss dich lassen. (Johannes-Passion. B. A. 12 I, 31.)

G. Forster 1539.

3. Wer hat dich so ge _ schla_gen, mein Heil, und dich mit Pla _ gen so
4. Ich, ich und mei_ne   Sün _ den, die sich wie Körnlein fin _ den des

ü _ bel zu _ ge _ richt? Du bist ja nicht ein   Sün _ der wie
San_des an dem Meer, die ha _ ben dir er _ re _ get das

wir und un_sre   Kin _ der, von   Mis_se _ tha _ ten   weisst du nicht.
E _ lend, das dich schlä _ get, und das be _ trüb_te   Mar_ter_heer.

16 Str. (Str. 3 u. 4 des Liedes: O Welt, sieh' hier dein Leben.)

P. Gerhardt 1648.

294. O Welt, ich muss dich lassen. (Matthäus-Passion. B. A. 4, 42.)

G. Forster 1539.

Ich bin's, ich soll_te bü _ ssen, an Händen und an Fü _ ssen ge_

bun_den in der Höll'. Die Gei_sseln und die Ban _ den, und

was du aus_ge_ stan _ den, das hat ver_die_net mei _ ne Seel'.

16 Str. (Str. 5 des Liedes: O Welt, sieh' hier dein Leben.)

P. Gerhardt 1648.

295. O Welt, ich muss dich lassen.
(Cant. 13. Meine Seufzer, meine Thränen. B. A. 2, 98.)

G. Forster 1539.

1. In al _ len meinen Tha_ten lass ich den höchsten ra _ then, der

9. So sei nun See_le dei _ ne, und trau_e dem al _ lei _ ne, der

Cont.

al _ les kann und hat. Er muss zu al _ len Din _ gen, soll's
dich er _ schaf _ fen hat. Es ge _ he wie es ge _ he, dein

an _ ders wohl ge _ lin _ gen,selbst ge _ ben gu _ ten Rath und That.
Va _ ter in der Hö _ he, der weiss zu al _ len Sa _ chen Rath.

9 Str. (Str. 1 u. 9 des Liedes: In allen meinen Thaten. In der B. A. nur die 9. Str.)

P. Fleming 1633.

296. O Welt, ich muss dich lassen.
(Cant. 44. Sie werden euch in den Bann thun. B. A. 10, 150.)

G. Forster 1539.

So sei nun, See _ le, dei _ ne, und trau _ e dem al _ lei _ ne, der

dich er _ schaf _ fen hat. Es ge _ he, wie es ge _ he: dein

Va _ ter in der Hö _ he, der weiss zu al _ len Sa _ chen Rath.

9 Str.(Str. 9 des Liedes: In allen meinen Thaten.)

P. Fleming 1633.

297. O Welt, ich muss dich lassen.
(Cant. 97. In allen meinen Thaten. B. A. 22, 230.)

G. Forster 1539.

(2 Violinen u. Viola.)

So sei nun, See-le, dei-ne, und trau-e dem al-lei-ne, der

dich er-schaf-fen hat, es ge-he wie es ge-he, mein

Va-ter in der Hö-he, weiss al-len Sa-chen Rath.

9 Str. (Str. 9 des Liedes: In allen meinen Thaten.)

P. Fleming 1633.

298. O Welt, ich muss dich lassen. (B. A. 39. № 139.)

G. Forster 1539

P. Gerhardt 1648

299. O wie selig seid ihr doch, ihr Frommen. (B. A.39. № 152.)

Joh. Crüger 1649

Simon Dach 1639

300. O wie selig seid ihr doch, ihr Frommen. (B. A. 39 No 153.)

Böhm. Brüder G. B. 1566.

O wie se - lig seid ihr doch, ihr From - men,

die ihr durch den Tod zu Gott ge - kom - men! Ihr seid ent - gan -

gen al - ler Noth, die uns noch hält ge - fan - gen.
(6 Str.)

Simon Dach 1639.

301. O wir armen Sünder. (B. A. 39 No 154.)

Lucas Lossius 1561.

O wir ar - men Sün - der! uns - re Mis - se - that, da - rin wir em -

pfan - gen und ge - bo - ren sind, hat ge - bracht uns al - le in

sol_che gro_sse Noth, dass wir un_ter_wor_fen sind dem ew'_gen Tod.

Ky_rie e_lei_son! Chri__ste

e_lei__son! Ky_rie e_lei_son!
(6 Str.)

Hermann Bonn 1542.

302. Puer natus in Bethlehem.

(Cant. 65. Sie werden aus Saba alle kommen. B. A. 16, 152.)

L. Lossius 1553 (1561)

1. Ein Kind ge_born zu Beth_le _ hem, Beth _ le _ hem, des freu _ et
4. Die Kön'ge aus Sa _ ba ka_men dar, ka _ men dar, Gold,Weihrauch,

sich Je _ ru _ sa _ lem. Al _ le _ lu _ ja, Al _ le _ lu _ ja!
Myrr_hen brachten sie dar. Al _ le _ lu _ ja, Al _ le _ lu _ ja!

9 Str. (Str. 1 u. 4 des Liedes: Ein Kind geborn zu Bethlehem. In der B. A. nur die 4. Str.)

Aus dem 15. Jahrh.
V. Babst, G. B. 1545.

303. Schaut, ihr Sünder. *) (B. A. 39 N⁰ 155.)   M. A. v. Lowenstern 1644.

Schaut, ihr Sün_der! Ihr macht mir gro_sse Pein! Ihr sollt Kin_der

des To_des e_wig sein: durch mein Ster_ben seid ihr hier_

von be_freit und nun Er_ben der wah_ren Se_lig_keit.

(7 Str.)

M. A. v. Löwenstern 1644.

304. Schmücke dich, o liebe Seele.

(Cant. 180. Schmücke dich, o liebe Seele. B. A. 35, 322.)   Joh. Crüger 1649.

1. Schmücke dich, o lie_be See_le, lass die dunkle Sün_den höh_le;
komm an's hel_le Licht ge_gan_gen, fan_ge herr_lich an zu pran_gen;
9. Je_su wah_res Brod des Le_bens, hilf, dass ich doch nicht ver_ge_bens,
o_der mir viel_leicht zum Scha_den sei zu dei_nem Tisch ge_la_den.

denn der Herr voll Heil und Gna_den will dich jetzt zu Ga_ste la_den:
Lass mich durch dies See_len_Es_sen dei_ne Lie_be recht er_mes_sen,

*) Dieses Lied gehört textlich zusammen mit N⁰ 170, Heut ist, o Mensch, ein grosser Trauertag.

Der den Him_mel kann ver_wal_ten, will jetzt Her_berg in dir hal_ten.
dass ich auch, wie jetzt auf Er_den, mög ein Gast im Him_mel wer_den.

9 Str. (Str. 1 u. 9 des Liedes: Schmücke dich, o liebe Seele.. In der B. A. **nur** die 9. Str.)

Joh. Frank 1649.

305. Schwing' dich auf zu deinem Gott.

(Cant. 40. Dazu ist erschienen der Sohn Gottes. B. A. 7, 387.)

Dan. Vetter 1713
von Bach etwas umgebildet.

1. Schwing' dich auf zu dei_nem Gott du be_trüb_te See_le!
2. Schütt_le dei_nen Kopf und sprich: fleuch du al_te Schlan_ge!

Wa_rum liegst du Gott zum Spott in der Schwer_muths_höh_le?
was er_neurst du dei_nen Stich, machst mir angst und ban_ge?

Merkst du nicht des Sa_tans List? er will durch sein Käm_pfen
Ist dir doch der Kopf zer_knickt, und ich bin durchs Lei_den

dei_nen Trost, den Je_su Christ dir er_wor_ben, däm_pfen.
mei_nes Hei_lands dir ent_rückt in den Saal der Freu_den.

17 Str (Str. 1 u. 2 des Liedes: Schwing' dich auf zu deinem Gott. In der B. A. nur die 2. Str.)

Paul Gerhardt 1653.

Lass mich dei_ne Lieb' er_er_ben und da_rin_nen se_lig ster_ben! (7 Str.)

Christian Keymann vor 1662.

308. Singen wir aus Herzensgrund.

(Cant. 187. Es wartet Alles auf dich. B. A. 37, 191.)

G. B. der Böhm. Brüder 1544.

1. Sin _ gen wir aus Her_zens _ grund lo _ ben
4. Gott hat die Erd' schön zu_ge _ richt't, lässt's an
6. Wir dan_ken sehr und bit _ ten ihn, dass er uns

Gott mit un_serm Mund wie er sein Güt an uns be_weist so hat
Nah_rung man_geln nicht; Berg und Thal, die macht er nass, dass dem
geb' des Gei_stes Sinn, dass wir sol_ches recht ver_steh'n, stets nach

er uns auch ge_speist: Wie er Thier und Vögel er_nährt, so hat
Vieh auch wächst sein Gras; aus der Er _ den Wein und Brod schaf_fet
sein'n Ge _ bo _ ten geh'n, sei _ nen Na _ men ma _ chen gross in Chri_

er uns auch be_scheert, welch's wir jetzund ha_ben ver_zehrt.
Gott und giebt's uns satt, dass der Mensch sein Le _ ben hat.
sto ohn' Un _ ter lass; so sing'n wir das Gra _ ti _ as.

6 Str. (Stt. 1 4 u. 6 des Liedes: Singen wir aus Herzensgrund. In der B. A. nur die 4. u. 6. Str.)

Frankfurt a. O. 1568.

309. **Singt dem Herrn ein neues Lied.** (B.A. 39, № 158.)

M. A. von Löwenstern 1644.

Singt dem Herrn ein neu _ es Lied: die Gemeine soll ihn lo _ _ ben,
weil er ih _ ren Gren _ zen Fried' hat verliehen hoch von o _ _ ben.

Is _ ra _ el er _ freu' sich des _ _ sen, wel _ cher ihn ge _ ma _ chet

hat, und in Aengsten schaffet Rath: Seiner soll er nicht ver _ ges _ sen.

M. A. von Löwenstern 1644.

310. **So giebst du nun, mein Jesu, gute Nacht.** (B.A. 39, № 159.)

Dresden 1694.

So giebst du nun, mein Je su, gu _ te Nacht! So stirbst du denn, mein al _ ler liebstes

Leben? Ja, du bist hin dein Lei _ den ist völl _ bracht. Mein Gott ist todt, sein

Geist ist auf_ge_ge_ben, mein Gott ist todt, sein Geist ist auf_ge_ge_ben. (24 Str.)

Aug. Pfeifer † 1698

311. Sollt' ich meinem Gott nicht singen. (B. A. 39, No 160.)

Jos. Schop 1641.

Sollt' ich mei _ nem Gott nicht sin _ gen? sollt' ich
Denn ich seh' in al _ len Din _ gen, wie so

ihm nicht dank _ bar sein? Ist doch nichts, als lau _ ter
gut er's mit mir meint.

Lie _ ben, das sein treu _ es Her _ ze regt, das ohn' En _ de

hebt und trägt, die in sei _ nem Dienst sich ü _ ben. Al _ les

Ding währt sei _ ne Zeit, Got _ tes Lieb' in E _ wig _ keit.
(12 Str.)

P. Gerhardt 1656.

312. Straf mich nicht in deinem Zorn.
(Cant. 115. Mache dich,mein Geist,bereit. B.A. 24, 132.)

Dresden 1694.

Ma - che dich, mein | Geist, be - reit, | wa - che, fleh' und | be - te,
dass dich nicht die | bö - se Zeit | un - ver - hofft be - | tre - te:
Drum so lasst uns | im - mer - dar | wa - chen, fle - hen, | be - ten,
weil die Angst,Noth | und Ge - fahr | im - mer nä - her | tre - ten;

Cont.

denn es ist | Sa - tans List | ü - ber vie - le
denn die Zeit | ist nicht weit. | da uns Gott wird

From - men | zur Ver - such - ung | kom - men.
rich - ten, | und die Welt ver - nich - ten.

10 Str. (Str. 1 u.10 des Liedes: Mache dich, mein Geist,bereit. In der B.A. nur die 10 Str.)

Joh. Burchard Freystein 1697.

313. Uns ist ein Kindlein heut'gebor'n. (B.A.39, N° 161.)

Barth. Gesius 1601. (etwas umgebildet)

Uns | ist ein Kindlein | heut'gebor'n von | ei - ner Jung - | frau aus - er - kor'n
des | freu - en sich die | En - gelein, soll - | ten wir Men - schen nicht fröhlich sein?

Lob, | Preis und Dank sei | Gott be - reit't für | sol - che Gnad' in E - wig - keit.

(4 Str.)

In der Psalmodia des Luc. Lossius 1579.

314. Valet will ich dir geben. (B.A.39, N⁰ 162.)

Melch. Teschner 1613.

Va - let will ich dir ge - ben, du ar - ge, falsche Welt,
dein sünd - lich bö - ses Le - ben durch - aus mir nicht ge - fällt.

Im Himmel ist gut woh - nen, hin - auf steht mein Be - gier, da

wird Gott e - wig loh - nen dem, der ihm dient all - hier.
(5 Str.)

Valerius Herberger 1613.

315. Valet will ich dir geben.

(Johannes-Passion B. A. 12 I, 95.)

Melch. Teschner 1613.

In meines Herzens Grun - de, dein Nam' und Kreuz al - lein
fun - kelt all' Zeit und Stun - de, drauf kann ich fröh - lich sein

Er - schein' mir in dem

Bil - de zu Trost in meiner Noth, wie du, Herr Christ, so mil - de dich hast geblut't zu Tod.

5 Str. (Str. 3 des Liedes: Valet will ich dir geben.)

Valerius Herberger 1613.

316. Vater unser im Himmelreich.

(B. A.39, №163.a.d. Johannes-Passion; s. das Vorwort 12 I.)   Val. Schumann G. B. 1539.

M. Luther 1539.

317. Vater unser im Himmelreich.

(Johannes-Passion B. A.12 I,18.)   Val. Schumann G. B. 1539.

und steu'r al_lem Fleisch und Blut, das wi_der dei_nen Wil_len thut.

9 Str. (Str. 4 des Liedes: Vater unser im Himmelreich.)

M. Luther 1539.

318. Vater unser im Himmelreich.

(Cant. 101. Nimm von uns, Herr, du treuer Gott. B. A. 23, 32.)

Val. Schumann G. B. 1539.

1. Nimm von uns, Herr, du treu_er Gott die schwe_re Straf' und
7. Leit' uns mit dei_ner rech_ten Hand und seg_ne uns_re

gro_sse Noth, die wir mit Sün_den oh_ne Zahl ver_
Stadt und Land; gieb uns all_zeit dein heil'_ges Wort, be_

die_net ha_ben all_zu_mal. Be_hüt' vor Krieg und
hüt' vor's Teu_fels List und Mord, ver_leih ein sel'_ges

theu_rer Zeit, vor Seu_chen, Feu'r und gro_ssem Leid.
Stün_de_lein, auf dass wir e_wig bei dir sein!

7 Str. (Str. 1 u. 7 des Liedes: Nimm von uns, Herr, du treuer Gott. In der B. A. nur die 7. Str.)

Martin Moller 1584.

319. Vater unser im Himmelreich.
(Cant. 90. Es reifet euch ein schrecklich Ende. B. A. 20 I. 214.)

Val. Schumann G. B. 1539.

Leit' uns mit dei_ner rechten Hand, und seg_ne un_ser' Stadt und Land: gieb

uns all_zeit dein heil'ges Wort, be_hüt' vor Teu_fels List und Mord, ver_

leih' ein sel'_ges Stün_de_lein, auf dass wir e_wig bei dir sein!
7 Str. (Str. 7 des Liedes: Nimm von uns Herr du treuer Gott.)

Martin Moller 1584.

320. Vater unser im Himmelreich.
(Cant. 102. Herr, deine Augen sehen nach dem Glauben. B. A. 23, 66.)

Val. Schumann G. B. 1539.

1. So wahr ich le_be, spricht dein Gott, mir ist nicht lieb des Sünders Tod: Viel
6. Heut' lebst du, heut' be_keh_re dich, eh' mor_gen kommt, kann's ändern sich: wer
7. Hilf, o Herr Je_su, hilf du mir, dass ich noch heu_te komm zu dir und

mehr ist dies mein Wunsch und Will', dass er von Sün_den hal_te still, von
heut' ist frisch, ge_sund und roth, ist mor_gen krank, ja wohl gar todt. So
Bu_sse thu' den Au_gen blick, eh' mich der schnel_le Tod hin_rück; auf

seinerBos-heit keh-re sich und le-be mit mir e-wig-lich.
du nun stir-best oh-ne Buss', dein Leib und Seel' dort bren-nen muss.
dass ich heut' und je-der-zeit zu mei-ner Heim-fahrt sei be-reit.

7 Str. (Str. 1, 6 u. 7 des Liedes: So wahr ich lebe, spricht dein Gott. In der B. A. nur die 6 u. 7 Str.)

Joh. Heermann 1630.

321. Verleih' uns Frieden gnädiglich.
(Cant. 126. Erhalt' uns, Herr, bei deinem Wort. B. A. 26, 131.)

Nürnberg 1531.
Jos. Klug G. B. 1535.

Ver-leih'uns Frie-den gnädiglich,HerrGott,zu unsern Zei-ten; es ist doch ja kein

And'-rer nicht, der für uns könnte strei-ten.denn du, un-serGott, al-lei-ne.Gieb

unsermFürst'nund al-ler. Ob-rig-keit Fried' undgut Re-gi-ment, dass wir un-ter ih-

nen ein ge-ruh'g und stil-les Le-ben füh-ren mö-gen in al-ler Gott-

se-lig-keit und Ehr-bar-keit. A-men.

M. Luther 1531 u. 1566.

322. Verleih' uns Frieden gnädiglich.

(Cant. 42. Am Abend aber desselbigen Sabbaths. B.A. 10, 91.)

Nürnberg 1531.
Jos. Klug G.B. 1535.

Ver-leih' uns Frie-den gnä-dig-lich, Herr Gott, zu unsern Zei-ten, es ist ja doch kein An-drer nicht, der für uns könn-te strei-ten, denn du, uns'r Gott al-lei-ne. Gieb un-sern Für-sten und der Ob-rig-keit Fried' und gut Re-gi-ment, dass wir un-ter ih-nen ein ge-ruh-ig und stil-les Le-ben füh-ren mö-gen in al-ler Gott-se-lig-keit und Ehr-bar-keit, A—men.

M. Luther 1531 u. 1566.

323. Vom Himmel hoch da komm ich her.

(Weihnachts-Oratorium B. A. 5 п. 66.)

Val. Schumann G. B. 1539.

1. Schaut, schaut, was ist für Wun_der dar? Die schwarze Nacht wird hell und klar, ein
8. Schaut hin! dort liegt im finstern Stall, des Herrschaft ge_het ü_ber_all: Da

Cont.

gro_sses Licht bricht jetzt her_ein, ihm wei_chet al_ler Ster_ne Schein.
Spei_se vor_mals sucht ein Rind, da ruht jetzt der Jung_frau_en Kind.

18 Str. (Str. 1 u. 8 des Liedes: Schaut, schaut, was ist für Wunder. In der B. A. nur die 8 Str.)

Ob.

P. Gerhardt 1666.

324. Von Gott will ich nicht lassen. (B. A. 39, № 164.)

Joach. Magdeburg 1571.

Von Gott will ich nicht las_sen, denn er lässt nicht von mir,
führt mich auf rech_ter Stra_ssen, da ich sonst ir_ret sehr.

Er reicht mir sei_ne Hand, den A_bend wie den Mor_gen thut

er mich wohl ver_sor_gen, sei wo ich woll' in Land.

(9 Str.)

Ludw. Helmbold 1563 od. 64.

Er reicht mir sei_ne Hand, den A_bend und den Mor_gen thut

er mich wohl ver_sor_gen, sei wo ich woll' im Land.
(9 Str.)

Ludw. Helmbold 1563 od. 64.

327. Von Gott will ich nicht lassen.

(Unvollständige Cant: Lobt ihn mit Herz und Munde. B. A. 41, 259. Echtheit fraglich.)

Joach. Magdeburg 1571.

Lobt ihn mit Herz und Mun_de, welch's er uns bei_des schenkt, das ist ein'

sel'_ge Stun_de, darin man sein gedenkt; sonst verdirbt al_le Zeit, die wir zu_

bring'n auf Er_den: wir sollen se_lig wer_den und bleib'n in E_wigkeit.
9 Str. (Str. 5 des Liedes: Von Gott will ich nicht lassen.)

Ludw. Helmbold 1563 od. 64.

328. Von Gott will ich nicht lassen.

(Cant. 73. Herr, wie du willst. B. A. 18, 104.)

Joach. Magdeburg 1571

Das ist des Va_ters Wil _ le, der uns er _ schaffen hat;
sein Sohn hat Gut's die Fül _ le er _ wor_ben uns aus Gnad';

auch Gott, der heil'_ge Geist im Glau_ben uns re _ gie _ ret, zum

Reich des Himmels füh _ ret: ihm sei Lob, Ehr' und Preis.

9 Str.(Str. 9 des Liedes: Von Gott will ich nicht lassen.)

Ludw. Helmbold 1563 od. 64

329. Wachet auf, ruft uns die Stimme.

(Cant. 140. Wachet auf, ruft uns die Stimme. B. A. 28, 284.)

Philipp Nicolai 1599.

1. Wa_chet auf! ruft uns die Stim _ me der Wächter sehr hoch
Mit_ter _ nacht heisst die _ se Stun _ de; sie ru _ fen uns mit
3. Glo _ ri _ a sei dir ge_sun _ gen mit Menschen= und eng_
Von zwölf Per _ len sind die Pfor _ ten an dei _ ner Stadt;wir

auf der Zin _ _ ne: wach' auf, du Stadt Je _ ru _ sa _ lem!
hel _ lem Mun _ _ de: wo seid ihr klu _ gen Jungfrau _ en?
li _ schen Zun _ gen, mit Har _ fen und mit Cymbeln schon.
sind Con _ sor _ ten der En _ gel hoch um dei _ nen Thron.

Wohl _ auf! der Bräut'gam kommt, steht auf! die Lam _ pen nehmt.
Kein Aug' hat je ge _ spürt, kein Ohr hat je ge _ hört

Al _ le _ lu _ ja! macht euch be _ reit zu
sol _ che Freu _ de. Dess sind wir froh, i _

der Hoch _ zeit, ihr müs _ set ihm ent _ ge _ gen gehn.
o! i _ o! e _ wig in dul _ ci ju _ bi _ lo.

3 Str.(Str. 1 u. 3 des Liedes: Wachet auf, ruft uns die Stimme. In der B. A. nur die 3.Str.)

Ph. Nicolai 1598.

330. Wär' Gott nicht mit uns diese Zeit.

(Cant. 14. Wär' Gott nicht mit uns. B A 2, 132.)

Joh. Walter 1524.

M. Luther 1524.

331. Warum betrübst du dich, mein Herz. (B. A. 39. N° 167.)

Barthol. Monoetius 1565.

Einzeldruck, Nürnberg vor 1565.

332. Warum betrübst du dich, mein Herz. (B. A. 39. N° 168.)

Barth. Monoetius 1565.

Wa _ rum be _ trübst du dich, mein Herz, be _ kümmerst dich und

trä _ gest Schmerz nur um das zeit _ lich Gut? Ver _ trau du dei _ nem

Her _ ren Gott, der al _ le Ding' er _ schaf _ fen hat.

(14 Str.)

Einzeldruck, Nürnberg vor 1565.

333. Warum betrübst du dich, mein Herz.

(Cant. 47. Wer sich selbst erhöhet. B. A. 10, 274.)

Barth. Monoetius 1565.

Der zeit _ li _ chen Ehr' will ich gern ent _ behr'n, du woll'st mir nur das

Ew'ge ge _ währ'n, das du er _ wor _ ben hast durch dei _ nen her _ ben,

bit _ tern Tod. Das bitt' ich dich, mein Herr und Gott!

14 Str. (Str. 11 des Liedes: Warum betrübst du dich, mein Herz.)

Einzeldruck, Nürnberg vor 1565.

334. Warum sollt' ich mich denn grämen. (B. A. 39. № 169.)

J. G. Ebeling 1666.
D. Vetter 1713.

Wa_rum sollt' ich mich denn grä___men? Hab'ich doch Christum noch, wer will mir den neh___men? Wer will mir den Himmel rau_ben, den mir schon Got_tes Sohn bei_ge_legt im Glau_ben.

(12 Str.)

P. Gerhardt 1653.

335. Warum sollt' ich mich denn grämen.

(Weihnachts-Oratorium. B. A. 5. 124.)

J. G. Ebeling 1666.
D. Vetter 1713.

1. Fröh_lich soll mein Her_ze sprin_gen die_se Zeit, da vor
15. Ich will dich mit Fleiss be_wah_ren, ich will dir le_ben

Cont.

Freud' al_le En_gel sin_gen. Hört, hört, wie mit vol_len Chö_ren
hier, dir will ich ab_fah_ren. Mit dir will ich end_lich schwe_ben

al _ le Luft | lau _ te ruft: | Chri _ stus ist ge _ bo _ ren.
vol _ ler Freud', | oh _ ne Zeit | dort im an _ dern Le _ ben.

15 Str. (Str. 1 u. 15 des Liedes: Fröhlich soll mein Herze springen. In der B. A. nur die 15.Str.)

P. Gerhardt 1656

336. Was betrübst du dich, mein Herze. (B. A. 39. № 170.)

Wahrscheinlich von J. S. Bach.

Was be_trübst du | dich, mein Herze, | wa_rum grämst du | dich in mir?

Sa_ge, was für | Noth dich schmerze, | wa_rum ist kein | Muth in dir?

Was für Un_glück | hat dich troffen | und wo bleibt dein | freu_dig Hof_fen?

Wo ist dei_ne | Zu_ver_sicht, | die zu Gott sonst | war ge_richt t?

(12 Str.)

Zacharias Hermann um 1690.

337. Was bist du doch, o Seele, so betrübet.

(B. A. 39. No 171.)   Freylinghausen G. B. 1704 (1703.)

Was bist du doch, o See_le so be_trü_bet,
dass dir der Herr ein Kreuz zu tra_gen giebet? Was grämst du dich so

ängstig_lich, als wür_dest du drum nicht von Gott ge_lie_bet?
(8 Str.)

Rud. Fried. von Schult vor 1704.

338. Was Gott thut, das ist wohlgethan.

(Cant. 144. Nimm, was dein ist. B. A. 30, 87.)   Nürnb. G. B. 1690.

Was Gott thut, das ist wohlge_than, es bleibt gerecht sein Wil_le;
wie er fängt meine Sa_chen an, will ich ihm hal_ten stil_le. Er ist mein Gott, der

in der Noth mich wohl weiss zu er_hal_ten: drum lass' ich ihn nur wal_ten.
(6 Str.)

Samuel Rodigast 1675.

339. Was Gott thut, das ist wohlgethan. (Trauungschoral
B.A. 13 I, 147.)   Nürnb. G. B. 1690.

Hörner.

Was Gott thut, das ist wohl_ge_than, es bleibt ge_recht sein Wil_le;
wie er fängt mei_ne Sa_chen an, will ich ihm hal_ten stil_le.

Cont.

Er ist mein Gott, der in der Noth mich wohl weiss zu er-
hal- ten; drum lass ich ihn nur wal- ten.
(6 Str.)

Samuel Rodigast 1675.

340. Was Gott thut, das ist wohlgethan.
(Cant. 12. Weinen, Klagen. B. A. 2, 78.)
(Cant. 69 Lobe den Herrn, meine Seele. B. A. 16, 379.)

Nürnb. G. B. 1690.

Oboe oder Trompete.

Was Gott thut, das ist wohl-ge-than, da-bei will ich ver-blei-ben.
Es mag mich auf die rau-he Bahn Noth, Tod und E-lend trei-ben:

so wird Gott mich ganz vä-ter-lich in sei-nen Ar-men

hal- ten. Drum lass ich ihn nur wal- ten.
6 Str. (Str. 6 des Liedes: Was Gott thut, das ist wohlgethan.)

S. Rodigast 1675.

341. Was Gott thut, das ist wohlgethan.
(Cant. 99. Was Gott thut, das ist wohlgethan. B. A. 22, 276.)

Nürnberg G. B. 1690.

Was Gott thut, das ist wohl_ge_than da_bei will ich ver_blei _ ben!
Es mag mich auf die rau _ he Bahn Noth, Tod und E _ lend trei _ ben.

so wird Gott mich ganz vä _ ter _ lich in sei _ nen Ar _ men

hal _ ten; drum lass ich ihn nur wal _ ten.

6 Str. (Str. 6 des Liedes: Was Gott thut, das ist wohlgethan.)

S. Rodigast 1675.

342. Was mein Gott will, das g'scheh' allzeit.
(Matthäus-Passion B. A. 4. 53.)

Joach. Magdeburg 1572
Ursprünglich franz. Melodie.

Was mein Gott will, das g'scheh' allzeit, sein Will' der ist der be _ ste;
Zu hel _ fen den'n er ist bereit, die an ihn glauben fe _ ste;

er hilft aus Noth, der fromme Gott, und züch_ti_get mit Ma _ ssen. Wer

Gott ver-traut, fest auf ihn baut, den will er nicht ver-las-sen. (4 Str)

Albrecht d. J. Markgraf zu Brandenburg-Culmbach 1556

343. Was mein Gott will', das g'scheh' allzeit

(Cant. 144. Nimm, was dein ist. B. A. 30, 92)

Joach. Magdeburg 1572

Was mein Gott will, das g'scheh' all-zeit, sein Wille ist der be-ste;
zu hel-fen den'n er ist be-reit, die an ihn glauben fe-ste.

Er hilft aus Noth, der from-me Gott, und züch-ti-

er hilft aus Noth,

get mit Ma-ssen. Wer Gott ver-traut, fest auf ihn baut, den

will er nicht ver-las-sen. (4 Str.)

Albrech d. J. Markgraf zu Brandenburg-Culmbach 1556

344. Was mein Gott will, das g'scheh' allzeit.

(Cant. 72. Alles nur nach Gottes Willen. B. A. 18, 84.)   Joach. Magdeburg 1572.

Was mein Gott will, das g'scheh' allzeit, sein Will' der ist der be — ste;
zu hel_fen den'n er ist bereit, die an ihn glau_ben fe — ste.

Er hilft aus Noth, der from_me Gott, und züch_ti_get mit Ma — ssen. Wer

Gott ver_traut, fest auf ihn baut, den will er nicht ver _ las — sen.
(4 Str.)

Albrecht d. J. Markgraf zu Brandenburg-Culmbach 1556.

345. Was mein Gott will, das g'scheh' allzeit.

(Cant. 111. Was mein Gott will. B. A. 24, 28.)   Joach. Magdeburg 1572.

Noch eins, Herr, will ich bit_ten dich, du wirst mir's nicht ver _ sa — gen:
wann mich der bö_se Feind anficht, lass mich doch nicht ver _ za — gen.

Hilf steu'r und wehr', _ ach Gott, mein Herr, zu Eh_ren dei_nen Na _ men. Wer

das be-gehrt, dem wird's gewährt, drauf sprech' ich fröh-lich: A - - men!

4 Str. (Str. 4 des Liedes: Was mein Gott will, das g'scheh' allzeit.)

Albrecht d. J. Markgraf zu Bandenburg-Culmbach 1656.

346. Was mein Gott will, das g'scheh' allzeit.

(Cant. 65. Sie werden aus Saba alle kommen. B. A. 16, 166.)

Joach. Magdeburg 1572.

Ich hab' in Got-tes Herz und Sinn mein Herz und Sinn er - ge - ben;
was bö - se scheint, ist mir Ge-winn, der Tod selbst ist mein Le - ben:
Ei nun, mein Gott, so fall' ich dir ge-trost in dei-ne Hän - de,
nimm mich, und mach' es so mit mir bis an mein letztes En - de.

Ich bin ein Sohn dess, der den Thron des Him - mels
Wie du wohl weisst, dass mei-nem Geist da-durch sein

auf - ge - zo - gen: ob er gleich schlägt und Kreuz auf
Weg ent - ste - he, und dei - ne Ehr' je mehr und

legt, bleibt doch sein Herz ge - wo - - - gen!
mehr sich in mir selbst er - hö - - - he.

12 Str. (Str. 1 u. 10 des Liedes: Ich hab' in Gottes Herz und Sinn.)

P. Gerhardt 1648.

347. Was mein Gott will, das g'scheh' allzeit.
(Cant. 92. Ich hab' in Gottes Herz und Sinn. B. A. 22, 68.)

Joach. Magdeburg 1572.

Soll ich denn auch des To - des Weg und fin - stre Stra - - ssen rei - sen;
wohl - an! so tret' ich Bahn und Steg, den mir dein' Au - - gen wei - sen.

Du bist mein Hirt, der Al - les wird zu solchem En - de keh - ren, dass

ich ein - mal in deinem Saal dich e - wig mö - - ge eh - ren.
12 Str. (Str. 12 des Liedes: Ich hab' im Gottes Herz und Sinn.)

P. Gerhardt 1648

348. Was mein Gott will, das g'scheh' allzeit.
(Cant. 103. Ihr werdet weinen und heulen. B. A. 23, 94.)

Joach. Magdeburg 1572.

1. Barm - herz' - ger Va - ter, höchster Gott, ge - denk an dei - ne Wor - te,
   du sprichst: Ruf mich an in der Noth, und klopf an mei - ne Pfor - te,
9. Ich hab' dich ei - nen Au - gen - blick, o lie - bes Kind, ver - las - sen:
   sieh' a - ber, sieh' mit grossem Glück und Trost ohn' al - le Ma - ssen:

so will ich dir Er - ret - tung hier, nach dei - nem Wunsch er - wei - sen, dass
will ich dir schon die Freuden - kron auf - se - tzen und ver - eh - ren. Dein

du mit Mund und Her - zensgrund in Freu - den mich sollst prei - sen.
kur - zes Leid soll sich in Freud' und e - wig Wohl ver - keh - ren.
18 Str. (Str. 1 u. 9 des Liedes: Barmherz'ger Vater. In der B. A. nur die 9 Str.)

P. Gerhardt 1656.

349. Was willst du dich, o meine Seele. (B. A. 39, N⁰ 172.)

Gottfr. Vopelius 1682

Was willst du dich, o meine See_le, krän_ken? Meinst du, dass Gott nicht kann an dich ge_den_ken? Er weiss gar wohl, wann er dir hel_fen soll; denn er ist selbst der Gnad' und Gü_te voll. Halt ihm nur stil_le; es ge_het so sein Wil_le. Wie kann er dich doch lassen in den Ban_den. Du bist ja sei_ne Braut. Wer hofft in Gott und dem ver_traut. wird nim_mer_mehr zu Schan_den.

(9 Str.)

? Dietr. von dem Werder † 1657

350. Welt, ade! ich bin dein müde.

(Cant. 27. Wer weiss, wie nahe mir mein Ende. B. A. 5 I, 244.)

Mel. u. Harm. von Johann Rosenmüller.

Joh. G. Albinus 1649.

351. Weltlich Ehr' und zeitlich Gut. (B.A. 39, № 173.)

Vögelin G.B. 1563.

Weltlich Ehr' und zeit_lich Gut, Wol_lust und al_ler Ü_ber_
muth ist e_ben wie ein Gras; al_le Pracht und stolzer Ruhm verfällt wie ein' Wiesen_
blum; o Mensch, be_denk' e_ben das und ver_sor_ge dich doch bass.

(10 Str.)

Mich. Weisse 1531.

352. Wenn ich in Angst und Noth. (B.A. 39, № 174.)

M. A. v. Lowenstern 1644.

Wenn ich in Angst und Noth mein' Au_gen heb' em_por zu
dei_nen Ber_gen, Herr! mit Seuf_zen und mit Fle_hen, so reichst du mir dein
Ohr, dass ich nicht darf be_trübt von dei_nem Ant_litz ge_hen.

(7 Str.)

M. A. v. Löwenstern 1644.

353. **Wenn mein Stündlein vorhanden ist.** (B.A. 39, № 175.)

Kirchen Gesänge Frankfurt a. M. 1569.

Wenn mein Stündlein vor_handen ist und ich soll fahr'n mein' Stra_sse, so g'leit du mich, Herr Je_su Christ, mit Hülf' mich nicht ver_las_se: mein' Seel' an meinem letzten End' be_fehl'ich, Herr, in dei_ne Händ', du wirst sie wohl be_wah_ren. wohl be_wah_ren. (5 Str.)

Nic. Herman 1562.

354. **Wenn mein Stündlein vorhanden ist.** (B.A. 39, № 176.)

Frankfurt a. M. 1569.

Wenn mein Stündlein vor_han_den ist und ich soll fahr'n mein' Stra_sse, so g'leit du mich, Herr Je_su Christ, mit Hülf' mich nicht ver_las_se; mein' Seel' an meinem

letz _ ten End' be fehl' ich. Herr, in   dei _ ne Händ', du wirst sie wohl _____ be wah _ ren.
(3 Str.)

Nic. Herman 1562.

355. Wenn mein Stündlein vorhanden ist. (B.A. 39, № 177.)

Frankfurt a.M. 1569.

Wenn mein Stünd_lein vor _ han_den ist und ich   soll fahr'n mein'

Stra _ sse, so g'leit du mich, Herr Je _ su Christ, mit Hülf' mich nicht ver _

las _ se: mein' Seel' an mei _ nem letz _ ten End' be _ fehl' ich, Herr, in

dei _ ne Händ', du wirst sie wohl _____ be wah _ ren.
(5 Str.)

Nic. Herman 1562.

356. Wenn mein Stündlein vorhanden ist.

(Cant. 95. Christus, der ist mein Leben. B. A. 22, 153.)

Frankfurt a. M. 1569.

Weil du vom Tod er_standen bist, werd' ich im Grab nicht blei_ben, dein letztes Wort mein

Auffahrt ist, Tod's_furcht kannst du ver_trei_ben: denn wo du bist, da komm ich hin, dass

drum fahr ich hin

ich stets bei dir leb und bin. Drum fahr ich hin mit Freu_den.

5 Str. (Str. 4 des Liedes: Wenn mein Stündlein vorhanden ist.)

Nic. Herman 1562.

357. Wenn mein Stündlein vorhanden ist.

(Cant. 31. Der Himmel lacht, die Erde jubiliret. B. A. 7, 50.)

Frankfurt a. M. G. B. 1569.

Viol. I u. Tromp. I.

V. II.

So fah'r ich hin zu Je_su Christ, mein' Arm' thu ich aus_stre_cken;
so schlaf'ich ein und ru_he fein; kein Mensch kann mich auf_we_cken:

denn Je - sus Chri - stus, Got - tes Sohn, der wird die Him - mels -

thür auf - thun, mich führ'n zum ew' - gen Le - ben. zum ew - gen Le - ben.

5 Str. (Str. 5 des Liedes: Wenn mein Stündlein vorhanden ist.)

Nic. Herman 1562.

358. Wenn wir in höchsten Nöthen sein. (B. A. 39, Nº 178.)

Franz Eler 1588.

Wenn wir in höch - sten Nö - then sein, und
so ist dies un - ser Trost al - lein, dass

wis - sen nicht, wo - aus und ein, und fin - den we - der
wir zu - sam - men ins - ge - mein dich an - ru - fen, du

Hülf' noch Rath, ob wir gleich sor - gen früh und spat,
treu - er Gott, um Ret - tung aus der Angst und Noth.

(7 Str.)

Paul Eber 1560

359. Wenn wir in höchsten Nöthen sein (B. A. 39 № 179)   Franz Eler 1588

Paul Eber 1500

360. Werde munter, mein Gemüthe
(Cant. 116. Wir müssen durch viel Trübsal. B. A. 30, 190)   Joh. Schop 1642

Joh. Rist 1642

Text nur untergelegt; in der B. A. fehlt jede Textangabe.

363. Werde munter, mein Gemüthe (B. A. 39 N⁰ 106) 　　Joh. Schop 1642

364. Werde munter, mein Gemüthe (B. A. 39 N⁰ 107) 　　Joh. Schop 1642

o wie kömmt dein Na_me mir so ge_wünscht und lieb_lich für.

wie ich dich so herz_lich lieb' und mich oh_ne dich be_trüb;

Dein Ge_dächtniss, Je_su ma_chet, dass mein trau_rig's Her_ze la_chet.

6 Str. Wilh. Sacer 1671

d'rum, o Je_su, komm zu mir, und bleib' bei mir für und für!

(19 Str.)

Mart. Jahn 1671

365. Werde munter, mein Gemüthe

(Cant. 154. Mein liebster Jesu ist verloren. B. A. 32, 65)

Joh. Schop 1642

Je_su, mein Hort und Er_ret_ter,
Je_su, star_ker Schlangen_tre_ter,

Je_su, mei_ne
Je_su, mei_nes

Zu_ver_sicht,
Le_bens Licht!

Wie ver_lan_get mei_nem Her_zen, Je_su_lein, nach dir mit Schmerzen!

Komm', ach komm', ich war_te dein, komm' o lieb_stes Je_su_lein!

19 Str. (Str. 2 des Liedes: Jesu meiner Seelen Wonne.)

Mart. Jahn (Janus) 1671

366. Wer Gott vertraut, hat wohlgebaut (B. A. 39 N.º 180)

Joach. Magdeburg 1572
Sethus Calvisius 1597

Wer Gott ver_traut, hat wohl_ge_baut im Him_mel und auf Er_
Wer sich ver_lässt auf Je_sum Christ, dem muss der Him_mel wer_

den, im Him_mel und auf Er _ den; Da_rum auf dich all' Hoffnung ich
den, dem muss der Him_mel wer _ den.

ganz fest und steif thu' se _ tzen. Herr Je_su Christ, mein Trost du

bist in To_des_noth und Schmer_ zen, in To _ des_ noth und Schmer_ zen.

(3 Str.)

Joach. Magdeburg 1571
(nur 1 Str.)

367. Wer nur den lieben Gott lässt walten. (B. A. 39 N.º 180)

Georg Neumark 1610

Wer nur den lie_ben Gott lässt wal _ ten und hof_fet auf ihn al_le zeit,
den wird er wun_der_bar er_hal_ ten in al_lem Kreuz und Trau_rig_ keit.

Wer Gott, dem Al ler _ höch _ sten, traut, der hat auf kei _ nen Sand ge_baut.
(7 Str)

G. Neumark 1640.

368. Wer nur den lieben Gott lässt walten.

(Cant. 88. Siehe, ich will viel Fischer aussenden. B. A. 20 I, 178.)

G. Neumark 1640

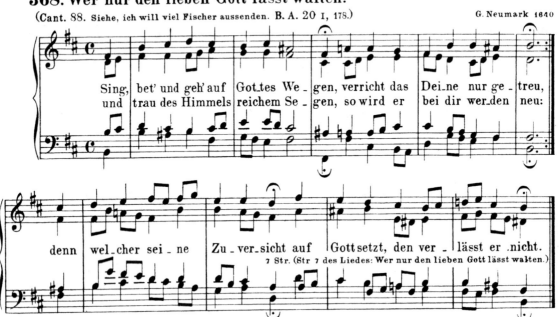

Sing, bet' und geh' auf Gottes We _ gen, verricht das Dei_ne nur ge_ treu,
und trau des Himmels reichem Se_gen, so wird er bei dir wer_den neu:

denn wel_cher sei _ ne Zu _ ver_sicht auf Gott setzt, den ver _ lässt er .nicht.
7 Str. (Str 7 des Liedes: Wer nur den lieben Gott lässt walten.)

G. Neumark 1640.

369. Wer nur den lieben Gott lässt walten.

(Cant. 93. Wer nur den lieben Gott lässt walten. B. A. 22, 94.)

G. Neumark 1640.

Sing, bet und geh auf Gottes We_gen, ver_richt das Dei_ne nur ge_ treu;
und trau des Himmels rei_chem Se_gen, so wird er bei dir werden neu:

denn wel_cher sei _ ne Zu_ver_sicht auf Gott setzt, den ver _ lässt er nicht.
7 Str. (Str 7 des Liedes: Wer nur den lieben Gott lässt walten.)

G. Neumark 1640.

Mein Gott, ich bitt' durch Chri-sti Blut: mach's nur mit mei — nem En — de gut! (12 Str.)

Aemilia Juliana, Gräfin zu Schwarzburg-Rudolstadt 1688.

373. Wer nur den lieben Gott lässt walten.

(Cant. 84. Ich bin vergnügt mit meinem Glücke. B. A. 20 I, 98.)

G. Neumark 1640.

Ich leb' in-dess in dir vergnü — get, und sterb'ohn'al-le Küm-merniss,
mir g'nü-get,wie es meinGott fü — get, ich glaub'und bin es ganz gewiss:

durch dei — ne Gnad'und Chri-sti Blut machst du's mit mei — nem En — de gut.
12 Str. (Str. 12 des Liedes: Wer weiss, wie nahe mir mein Ende.)

Aemilia Juliana, Gräfin zu Schwarzb.-Rudolstadt 1688.

374. Wie bist du, Seele, in mir so gar betrübt. (B. A. 39 № 182.)

Christian Brunmann (Mart. Hanke) 1675.

Wie bist du See — le in mir so gar be — trübt? Dein

Hei — land le — bet, der dich ja treu — lich liebt, er — gieb dich gänz — lich

sei — nem Wil — len, er kann al — lein dein Trauern stil — len.

Tobias Zeutschner 1667.

375. Wie schön leuchtet der Morgenstern. (B. A. 39. N?183.) Philipp Nicolai 1599

Ph. Nicolai 1599.

376. Wie schön leuchtet der Morgenstern.
(Cant. 172. Erschallet, ihr Lieder. B. A. 35, 69.) Ph. Nicolai 1599

377. Wie schön leuchtet der Morgenstern.
(Cant. 36. Schwingt freudig euch empor. B. A. 7, 243.)

Ph. Nicolai 1599.

378. Wie schön leuchtet der Morgenstern.

(Cant. 1. Wie schön leuchtet der Morgenstern. B. A. 1, 51.)   Ph. Nicolai 1599.

Wie bin ich doch so herz - lich froh, dass mein Schatz ist das
Er wird mich doch zu sei - nem Preis auf - neh - men in das

A und O, der An - fang und das En - - de!
Pa - ra - deis; des klopf ich in die Hän - - de.

A - men. A - men. Komm, du schö - ne Freu - den - kro - ne,

bleib nicht lan - ge: dei - ner ward ich mit Ver - lan - gen.

7 Str. (Str. 7 des Liedes: Wie schön leuchtet der Morgenstern.)

Ph. Nicolai 1599.

379. Wir Christenleut'.
(Cant. 40. **Dazu ist erschienen der Sohn Gottes. B. A. 7, 377.**)

Dresden G.B. 1593.

Caspar Füger, um 1552.

380. Wir Christenleut'.
(Cant. 110. **Unser Mund sei voll Lachens. B. A. 23, 324.**)

Dresden G.B. 1593.

Caspar Füger, um 1552.

381. Wir Christenleut'. (Weihnachts-Oratorium. B. A. 5 I, 126.)

Dresden G. B. 1593.

Seid froh, dieweil, seid froh, die weil dass eu er Heil ist

hie ein Gott und auch ein Mensch ge bo ren, der wel cher ist der

Herr und Christ in Da vids Stadt von Vie len aus er ko ren.

(Stark veränderte Str. 2 des Liedes: Wir Christenleut'.)

382. Wir glauben all' an einen Gott. (B. A. 39. No 184.)

Joh. Walter G. B. 1524.

Wir glau ben all an ei nen

Gott, Schöpfer Him mels und der Er den, der sich zum

Va-ter ge-ben hat, dass wir sei-ne Kin-der wer-den.

Er will uns all-zeit er-näh-ren, Seel'und Leib auch wohl be-

wah-ren, al-lem Un-fall will er weh-ren, kein

Leid soll uns wi-der-fah-ren, er sor-

-get für uns, hüt't und

wacht, es steht Al-les in sei-ner Macht. (3 Str.)

M. Luther 1524.

383. Wo Gott der Herr nicht bei uns hält. (B.A. 39. N° 6.)

Jos. Klug G.B. 1535

Justus Jonas 1524.

384. Wo Gott der Herr nicht bei uns hält.

(Cant. 178. Wo Gott der Herr nicht bei uns hält. B.A. 35, 272.)

Jos. Klug G.B. 1535.

Justus Jonas 1524.

385. Wo Gott der Herr nicht bei uns hält. (B. A. 39, 4.)

Jos. Klug G. B. 1535.

Ach lie_ben Chri_sten, seid ge_trost; wie thut ihr so ver_za_gen,
weil uns der Herr heim_su_chen thut? lasst uns von Her_zen sa_gen:

die Straf' wir wohl ver_die_net ha'n solch' muss be_ken_nen

Je_der_mann; Nie_mand darf sich aus_schlie_ssen. (6 Str.)

Joh. Gigas (Heune) 1561.

386. Wo Gott der Herr nicht bei uns hält.

(Cant. 114. Ach lieben Christen, seid getrost. B. A. 24, 108.)

Jos. Klug G. B. 1535.

Wir wa_chen, o_der schlafen ein, so sind wir doch des Her_ren;
auf Christum wir ge_tau_fet sein, der kann dem Sa_tan weh_ren.

Durch A_dam auf uns kömmt der Tod, Chri_stus hilft uns aus

al_ler Noth, Drum lo_ben wir den Her_ren.

6 Str. (Str. 6 des Liedes: Ach lieben Christen, seid getrost.)

Joh. Gigas (Heune) 1561

387. Wo Gott der Herr nicht bei uns hält.

(Cant. Siehe, es hat überwunden der Löwe. B. A. 41, 258. Echtheit fraglich.)

Jos. Klug G. B. 1535.

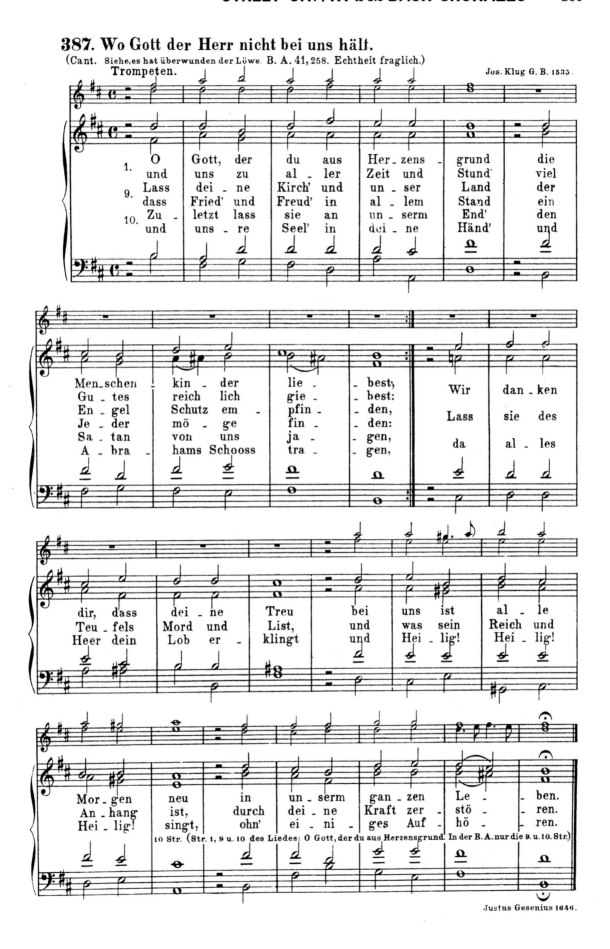

10 Str. (Str. 1, 9 u. 10 des Liedes: O Gott, der du aus Herzensgrund. In der B. A. nur die 9. u. 10. Str.)

Justus Gesenius 1646.

388. Wo Gott der Herr nicht bei uns hält. (B. A. 39. Nº 5.)

Jos. Klug G. B. 1535.

Wär' Gott nicht mit uns die_se Zeit, so soll I_sra_el sa_gen:
wär' Gott nicht mit uns die_se Zeit, wir hät_ten musst ver_za_gen,

die so ein ar_mes Häuf_lein sind, ver_acht' vor so viel

Men_schen_kind, die an uns se_tzen Al_le. (3 Str.)

M. Luther 1524.

389. Wo Gott zum Haus nicht gibt sein' Gunst. (Ps. 127.)

(B. A. 39. Nº 185.)

Jos. Klug G. B. 1535.

Wo Gott zum Haus nicht gibt sein' Gunst, so ar_beit' je_der Mann umsonst; wo

Gott die Stadt nicht selbst be_wacht, da ist um_sonst der Wächter Macht. (5 Str.)

? Johann Kolross 1525.

INDEX 1

Alphabetized Index of Bach Chorales by First Line

Indexed by page number

INDEX 2
Thematic Index of Bach Chorales by Title

Indexed by Chorale number

ADVENT (Advent)
Als der gütige Gott   20
Gottes Sohn ist kommen   115
Nun komm, der Heiden Heiland   264 & 265
Wie soll ich dich empfangen   165

CHRISTMAS (Weihnachten)
Christum wir sollen loben schon   42
Der Tag, der ist so freudenreich   62
Ein Kind, geborn zu Bethlehem   302
Ermuntre dich, mein schwacherGeist   80
Freuet euch, ihr Christen alle   105
Fröhlich soll mein Herze springen   335
Für Freuden lasst uns springen   106
Gelobet seist du, Jesu Christ   107–110
Ich freue mich in dir   181 & 277
Ich steh an deiner Krippen hier   263
Ihr Gestirn, ihr hohlen Lüfte   210
In dulci jubilo   215
Lobt Gott, ihr Christen allzugleich   233–235
Schaut, schaut, was ist für Wunder   323
Uns ist ein Kindlein heut geborn   313
Wir Christenleut   379–381

NEW YEAR (Neujahr)
Das alte Jahr vergangen ist   55 & 56
Das neugeborne Kindelein   57
Helft mir Gotts Güte preisen   124 & 125
Hilf, Herr Jesu, lass gelingen   173
Jesu, nun sei gepreiset   203–205

EPIPHANY (Epiphanien)
Herr, nun lass in Friede   148
Nun liebe Seel, nun ist es Zeit   214
Mit Fried und Freud ich fahr   249–251

CANDLEMAS/GROUNDHOG DAY (Mariä Reinigung)
Herr, nun lass in Friede   148
Mit Fried und Freud   249–251

LENT (Passiönszeit)
Christus, der uns selig macht   48–50
Da der Herr Christ zu Tische sass   52
Du grosser Schmerzensmann   70
Durch dein Gefängnis   239
Ein Lämmlein geht und trägt   23
Herzliebster Jesu, was hast du 166–169
Heut ist, o Mensch, ein grosser   170
Hilf Gott, dass mirs gelinge   172
Jesu, der du selbst so wohl   189
Jesu Leiden, Pein und Tod   192–194
O Haupt voll Blut und Wunden   162–164
O Herzensangst, o Bangigkeit   284
O Lamm Gottes, unschuldig   285
O Mensch, bewein dein Sünden   286
O Mensch, schau Jesum Christum an   287
O Traurigkeit, o Herzeleid   288
O Welt, sieh hier dein Leben 289–294
O wir armen Sünder!   301
Schaut, ihr Sünder!   303
Sei gegrüsset, Jesu gütig   307
So giebst du nun, mein Jesu   310

O Jesu, du mein Bräutigam 145
Schmücke dich, o liebe Seele 304

JESUS HYMNS (Jesuslieder)

Du stellst, mein Jesu, selber dich 6
Du, o schönes Weltgebäude 71 & 72
Eins ist Noth, ach Herr dies Eine 77
Herzlich lieb hab ich dich, o Herr 152–155
Jesu, du mein liebstes Leben 190
Jesu, Jesu, du bist mein 191
Jesu, meine Freude 195–200
Jesu, meiner Freuden Freude 363 & 364
Jesu, meiner Seelen Wonne 363–365
Jesu, meines Herzens Freud 202
Meinen Jesum lass ich nicht, Jesus 241
Meinen Jesum lass ich nicht, weil 242–247
O Jesu, meine Lust 279
Seelenbräutigam 306
Selig ist die Seele 201
Was frag ich nach der Welt 280 & 281
Wie schön leuchtet der Morgenstern 375–378

REPENTANCE (Rechtfertigung; Christlicher Sinn und Wandel)

Auf, auf, mein Herz 24
Durch Adams Fall ist ganz verderbt 73
Es ist das Heil uns kommen her 86–88
Herr Christ der einig Gottes Sohn 127 & 128
Kommt und lasst euch Jesum lehren 101
Mache dich, mein Geist, bereit 312
Nun freut euch, lieben Christen 261
Warum sollt ich mich denn grämen 334
Weltlich Ehr und zeitlich Gut 351
Wo Gott zum Haus nicht giebt 389

FAITH & PRAYER SONGS (Glaubens- und Gebetslieder)

Alles ist an Gottes Segen 19
Dies sind die heil'gen zehn Gebot 66
Dir, dir, Jehova, will ich singen 67
Du Friedefürst, Herr Jesu Christ 68 & 69
Gott sei uns gnädig und barmherzig 120
Herr Jesu Christ, dich zu uns wend 139
Liebster Jesu, wir sind hier 228

O Gott, der du aus Herzensgrund 387
O Gott, du frommer Gott 277, 278 & 282
Vater unser im Himmelreich 316 & 317
Verleih uns Frieden, gnädiglich 321 & 322
Wenn wir in höchsten Nöthen sein 358 & 359
Wir glauben all an einen Gott 382

MORNING SONGS (Morgenlieder)

Auf, auf, mein Herz und du mein 24
Aus meines Herzens Grunde 30
Dank sei Gott in der Höhe 54
Das walt Gott Vater 58
Das walt mein Gott 59
Für deinen Thron tret ich hiemit 132
Gott, der du selber bist das Licht 112
Ich dank dir, Gott, für all Wohlthat 175
Ich dank dir, lieber Herre 176–178
Ich dank dir schon durch deinen Sohn 179
Ich danke dir, o Gott, in deinem 180
Wach auf mein Herz und singe 268

TABLE SONGS (Tischlieder)

Danket dem Herrn 53
Den Vater dort oben 60
Nun lasst uns Gott, dem Herren 266 & 267
Nun preiset alle Gottes Barmherzigkeit 273
Singen wir aus Herzensgrund 308

EVENING SONGS (Abendlieder)

Christ, der du bist der helle Tag 33
Christe, der du bist Tag und Licht 34
Der du bist drei in Einigkeit 61
Die Nacht ist kommen 64
Die Sonn hat sich mit ihrem Glanz 65
Mein Augen schliess ich jetzt 240
Nun sich der Tag geendet hat 274
Nun ruhen alle Wälder 298
Werde munter, mein Gemüthe 360–362

PRAISE & THANKSGIVING SONGS (Lob- und Danklieder)

Allein Gott in der Höh sei Ehr 12
Danket dem Herrn 53
Herr Gott, dich loben alle wir 129–131

Herr Gott, dich loben wir 133–135
Lobe den Herren, den mächtigen 230
Lobet den Herrn, denn er ist 232
Nun danket all und bringet Ehr 236
Nun danket alle Gott 257–259
Nun lob, mein Seel, den Herrn 269–272
Nun preiset alle Gottes Barmherzigkeit 273
Sei Lob und Ehr dem Hochstein Gut 89 & 90
Singet dem Herrn ein neues Lied 309
Sollt ich meinem Gott nicht singen 311

SONGS OF CONSOLATION (Kreuz- und Trostlieder)

Ach Gott, erhör mein Seufzen 2
Ach Gott, wie manches Herzeleid 8 & 9
Ach lieben Christen, seid getrost 385 & 386
An Wasserflüssen Babylon 23
Auf meinen lieben Gott 25
Barmherziger Vater, höchster Gott 348
Befiehl du deine Wege 32, 157–160
Christe, du Beistand 35
Gieb dich zufrieden und sei stille 111
Gott lebet noch 117
Hast du denn, Jesu, dein Angesicht 231
Herr Jesu Christ, ich schrei zu dir 144
Herr wie du willt, so schicks 150 & 151
Ich hab in Gottes Herzund Sinn 346 & 347
In allen meinen Thaten 211, 295–297
In dich hab ich gehoffet, Herr 212 & 213
Ist Gott mein Schild und Helfersmann 216
Keinen hat Gott verlassen 217
Lass, o Herr, dein Ohr sich neigen 226
Liebster Immanuel, Herzog 229
Nicht so traurig, nicht so sehr 253
Schau, lieber Gott, wie meine Feind 5
Schwing dich auf zu deinem Gott 305
Treuer Gott ich muss dir klagen 100 & 101
Von Gott will ich nicht lassen 324–328
Warum betrübst du dich, mein Herz 331–333
Warum sollt ich mich denn grämen 334
Was betrübst du dich mein Herze 336
Was bist du doch, o Seele, so betrübet 337
Was Gott thut, das ist wohlgethan 338–341
Was mein Gott will, das g'scheh 342–345

Was willst du dich, o meine Seele 349
Weg mein Herz mit den Gedanken 102
Wenn ich in Angst und Noth 352
Wer Gott vertraut, hat wohlgebaut 366
Wer in dem Schutz des Höchsten 151
Wer nur den lieben Gott lässt walten 367–370
Wie bist du, Seele, in mir so gar betrübt 374
Wohl dem, der sich auf seinen Gott 238

FUNERAL SONGS (Sterbelieder)

Ach wie flüchtig, ach wie nichtig 11
Alle Menschen müssen sterben 17 & 18
Christus, der ist mein Leben 46 & 47
Es ist genug; so nimm, Herr 91
Freu dich sehr, o meine Seele 98 & 99
Gottlob, es geht nunmehr zu Ende 118
Herr, ich denk an jene Zeit 136
Herr Jesu Christ, meins Lebens Licht 145
Herr Jesu Christ, wahr'r Mensch und Gott 146 & 147
Liebster Gott, wann werd ich sterben 227
Herzlich thut mich verlangen 161
Ich bin ja, Herr, in deiner Macht 174
Ich hab mein Sach Gott heimgestellt 182
Komm, Jesu, komm 222
Machs mit mir Gott nach deiner Güt 237
Meines Lebens letzte Zeit 248
Mit Fried und Freud, ich fahr dahin 249–251
Mitten wir im Leben sind 252
O wie selig seid ihr doch, ihr Frommen 299 & 300
Valet will ich dir geben 314 & 315
Welt, ade, ich bin dein müde 350
Wenn mein Stündlein vorhanden ist 353–357
Wer weiss, wie nahe mir mein Ende 372 & 373

OF THE LAST THINGS (Von den letzten Dingen)

Es ist gewisslich an der Zeit 262
Es wird schier der letzte Tag 94
Gott hat das Evangelium 116
O Ewigkeit, du Donnerwort 275 & 276
Wachet auf, ruft uns die Stimme 329

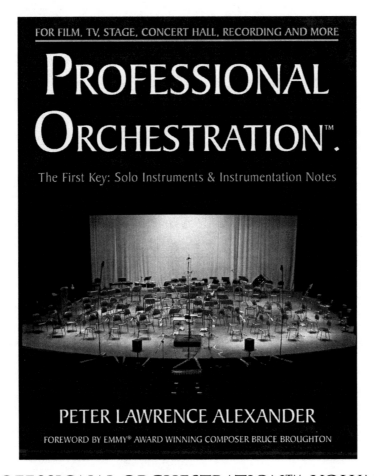

FOR FILM, TV, STAGE, CONCERT HALL, RECORDING AND MORE

PROFESSIONAL ORCHESTRATION™.

The First Key: Solo Instruments & Instrumentation Notes

PETER LAWRENCE ALEXANDER

FOREWORD BY EMMY® AWARD WINNING COMPOSER BRUCE BROUGHTON

PROFESSIONAL ORCHESTRATION™. VOLUME I
THE FIRST KEY: SOLO INSTRUMENTS & INSTRUMENTATION NOTES
PETER LAWRENCE ALEXANDER

Recommended by winners of the Academy®, Grammy® and Emmy® Awards, Professional Orchestration™ is the first multi-volume series in orchestration from an American publisher that teaches the devices and orchestral combinations, which before now have been known by only a privileged few. It's also the only orchestration book whose instrumentation notes were checked and edited by members of the Hollywood studio musician elite. Features full page/full score examples on an 8.25 x 11 page. Optional Professional Mentor™ workbook and audio package from eClassical available.

"The best orchestration book since Forsyth"

- Jerry Goldsmith
Winner of both the Academy® & Emmy® Awards, USA

ISBN: 978-0-939067-70-1

Available from www.alexanderpublishing.com or through your local book store.

APPLIED PROFESSIONAL HARMONY 101
PETER LAWRENCE ALEXANDER

Applied Professional Harmony 101 is a songwriter and composer's approach to learning harmony. Unlike traditional music courses, you're constantly writing music as you go along. By the end of APH 101 you will have learned how to create a basic demo arrangement of your song. We encourage you to use a MIDI keyboard to get the most out of your work.

"Peter Alexander in his series, Applied Professional Harmony, has created what I feel will be standard text in schools for many years to come. In a thoroughly readable style, he has managed the neat trick of erasing the lines between so called 'popular' music and 'classical' music. Read and Learn."

Henry Mancini

"If I had these books when I was in college, I'd have stayed in music school."

John Tesh

ISBN: 978-0-939067-88-6

Available from www.alexanderpublishing.com or through your local book store.

HOW RAVEL ORCHESTRATED: MOTHER GOOSE SUITE
PETER LAWRENCE ALEXANDER

All I can say is fantastic! My students and I were completely enthralled by the analysis you provided, as well as the score with the included piano part. Two of the students are jazz majors and were very excited about how Ravel was approaching harmonization from a chord/scale jazz harmony perspective. They really started to make a connection with Ravel's approach and what they have been learning in arranging class for big band; especially the jazz harmonization and line writing aspect of the score.

The piano part at the bottom of the score is a great teaching tool for orchestration students. All of my students stated that they would like to see more scores presented in this format. They all felt that they were gaining a better understanding on how Ravel approached orchestrating this movement because of the piano part that was included in the score.

The next time I teach my orchestration class, this will be required reading for all of my students, it is that good. I love the new approach.

Dr. Rik Pfenninger
Plymouth State University

ISBN: 978–0–939067–12–1

CPSIA information can be obtained at www.ICGtesting.com
Printed in the USA
BVOW051000090812

297494BV00003B/12/P